Genusswandern
Allgäu

Vom Tegelberg geht der Blick über das Pöllattal zum markanten Säuling (Tour 6).

ErlebnisWandern

Genusswandern Allgäu

40 Familientouren in wunderschöner Berglandschaft

Bernhard Irlinger

BRUCKMANN

Inhaltsverzeichnis

Östlich von Füssen ließ sich Ludwig II. sein Märchenschloss Neuschwanstein erbauen (Tour 6 und 7).

Vorwort 9

Wandern im Allgäu

Stein auf Stein 10
Murmeltier und Enzian 12
Der Mensch und die Berge 12
Die Auswahl der Touren 13
Unterwegs mit Kindern 14
Die geeignete Wanderausrüstung 15
Wanderungen für alle Jahreszeiten 16
Wichtige Reiseinformationen 16

DIE TOUREN

1 Von Stötten auf den
  Auerberg ☺ 3 Std. ● 20
  Wallfahrtskirche und
  Römerwälle

2 Rund um Roßhaupten ☺ 3 Std. ● 24
  Aussichtshöhen am
  Forggensee

3 Von Buching auf den
  Buchenberg ☺ 2.45 Std. ● 28
  Am Rand der Ammergauer
  Alpen

4 Rund um den
  Vorderscheinberg 2.45 Std. ● 30
  Panoramarunde über
  der Kenzenhütte

5 Rund um den Geiselstein 4.30 Std. ● 32
  Im Herzen der
  Ammergauer Alpen

6 Vom Tegelberg zum Schloss
  Neuschwanstein ☺ 3.45 Std. ● 36
  Durch das königliche Jagdrevier

7   Rund um den Alpsee   ☺ 3 Std. ● 40
    Bergsee und Königsschlösser

8   Von Füssen nach
    Hohenschwangau   ☺ 3 Std. ● 44
    Im malerischen Königswinkel

9   Rund um den
    Hopfensee   ☺ 2 Std. ● 48
    Blaues Juwel am Fuß
    der Alpen

10 Alatsee, Weißensee
    und Ruine Falkenstein   3.30 Std. ● 50
    Seen und Berge zwischen
    Füssen und Pfronten

11 Eisenberg und
    Hohen-Freyberg   ☺ 2.30 Std. ● 54
    Mächtige Burguinen
    im Alpenvorland

12 Der Wasserfallweg
    über Nesselwang   ☺ 2 Std. ● 58
    Wasserfall, Burgruine
    und Wallfahrtskirche

13 Auf das Wertacher
    Hörnle   ☺ 3.15 Std. ● 62
    Sanfter Wanderberg
    mit großer Aussicht

14 Von Zöblen auf den
    Schönkahler   ☺ 3 Std. ● 64
    Stille Familientour mit Aussicht

15 Vom Neunerkopf
    zur Sulzspitze   ☺ 3.15 Std. ● 66
    Hochgebirge light

16 Schartenschrofen und
    Gräner Höhenweg   4.45 Std. ● 68
    Aussichtswege am Füssener Jöchl

Über die blaue Wasserfläche des Alpsees geht der Blick zur Allgäuer Bergwelt (Tour 35).

Inhaltsverzeichnis

17 Von der Krinnen-Alpe
  zum Haldensee ☺ 2.30 Std. ● 72
  Panoramaweg bei Nesselwängle

18 Der Hirschbachtobel über
  Bad Hindelang 4.45 Std. ● 76
  Wilde Schlucht und sanfte Höhen

19 Die Zipfelsbachfälle
  bei Hinterstein ☺ 3.15 Std. ● 80
  Steiler Weg über dem Bergdorf

20 Von Vorderburg zum
  Falkenstein ☺ 3.30 Std. ● 82
  Kleiner Berg mit großer Aussicht

21 Der Grünten und die
  Starzlachklamm ☺ 5.15 Std. ● 84
  Aussichtsberg und Felsschlucht

22 Sonnenkopf und
  Schnippenkopf 5.15 Std. ● 88
  Stille Blumentour über
  dem Illertal

23 Bergseen am Weg zum
  Großen Daumen ☺ 3.30 Std. ● 90
  Panoramaweg am Nebelhorn

24 Von Oberstdorf nach
  Gerstruben ☺ 4 Std. ● 94
  Zur malerischen Höhensiedlung
  im Tal der Trettach

25 Rund um den
  Freibergsee ☺ 1.30 Std. ● 98
  Idyllischer See
  und atemberaubende
  Skiflugschanze

Vom Spieser schweift der Blick über die dunsterfüllten Täler zu den Allgäuer Hochalpen (Tour 18).

Wie hier im »Brauereigasthof Engel« in Rettenberg findet man im Allgäu zahllose gemütliche Einkehrstationen (Tour 20).

26 Über den Fellhornrücken 3.30 Std. ● 100
   Die berühmte Allgäuer
   Blumentour

27 Durch die
   Breitachklamm ☺ 1.15 Std. 🟡 102
   Tobendes Wasser im
   dunklen Schlund

28 Rund um den
   Widderstein 5.15 Std. ● 106
   Auf den Spuren der Walser

29 Von Baad zu Grünhorn und
   Walmendinger Horn 5.45 Std. ● 108
   Panoramaweg über dem
   Kleinwalsertal

30 Hoher Ifen und das
   Gottesackerplateau 4 Std. ● 112
   Durch ein Meer aus Stein

31 Vom Riedbergpass auf
   den Besler 3.45 Std. ● 116
   Felsburg über dem Riedbergpass

32 Auf den Siplingerkopf 4 Std. ● 118
   Nagelfluhberge über
   Balderschwang

33 Weiherkopf und
   Rangiswanger Horn ☺ 3.15 Std. ● 120
   Die sanfte Panoramatour

34 Über das Immenstädter
   Horn 4.30 Std. ● 122
   Hoch über dem Alpsee

35 Am Alpsee bei
   Immenstadt ☺ 3 Std. 🟡 124
   Die große Seerunde

36 Von Wiedemannsdorf zur
   Salmaser Höhe ☺ 3.30 Std. 🔵 128
   Sanfte Höhen über der
   Konstanzer Ach

37 Hochgrat und
   Rindalphorn 4.30 Std. ● 130
   Über den Hörnerkamm

38 Buchenegger Wasserfälle
   und Prodelkamm ☺ 5.15 Std. ● 132
   Kaskaden und Aussichtshöhen

39 Durch den Eistobel ☺ 1.30 Std. 🟡 134
   Rauschende Kaskaden
   im Alpenvorland

40 Durch den Falltobel
   zum Stoffelberg ☺ 3 Std. ● 136
   Wasserfälle und sanfte Höhen
   bei Niedersonthofen

Register 141

Bildnachweis/Impressum 144

Vor den Bergen, in den Bergen

An der Grenze von Deutschland und Österreich liegt im Einzugsgebiet von Bodensee, Iller und Lech eine der beliebtesten und abwechslungsreichsten Ferienregionen im gesamten Alpenbereich, das Allgäu. Alljährlich pilgern Millionen von Touristen zum weltberühmten Schloss Neuschwanstein, das vielen als Inbegriff bayerischer Romantik gilt. Doch die südlichste Region Deutschlands hat abseits dieses Touristenmagneten noch viel mehr zu bieten. Die gebirgige Landschaft verwöhnt den Naturliebhaber mit einer Vielzahl unterschiedlicher Attraktionen. Die für den Wanderer attraktivsten Gebiete des Allgäus, das mit seinen fließenden Übergängen weit ins Alpenvorland ausgreift, findet man in den beiden Gebirgslandkreisen Oberallgäu und Ostallgäu. Zusätzlich sind Touren im Kleinwalsertal und im Tannheimer Tal, die vom Allgäu aus gut zu erreichen sind, mit in den Führer aufgenommen. Beide Hochtäler liegen in den Allgäuer Alpen, gehören aber zu den österreichischen Bundesländern Vorarlberg bzw. Tirol.

Kurze oder lange, stille oder viel begangene und leichte oder schwierige Wege führen uns in diesem Gebiet zu den unterschiedlichen Naturschönheiten. Das grüne, sanft gewellte Alpenvorland lockt mit malerisch gelegenen Seen und dem herrlichen Blick zu den stets nahen Bergen. Versteckt sprudeln hier Wildbäche durch kleine Schluchten und malerische Burgruinen wachen über dem sattgrünen Bauernland. Sommerwarme Seen, auf denen sich der Himmel und die Berge spiegeln, verführen Groß und Klein zu erfrischenden und aussichtsreichen Badepausen.

Ein breiter Saum von Randbergen, der sich zwischen dem Alpenvorland und dem Hochgebirge von Ost nach West streckt, bildet für den Wanderer eine Art Übergangszone. Hier sind die Berge noch nicht so hoch und steil und bieten so manchen Weg, der zwar noch nicht allzu anspruchsvoll ist, trotzdem aber wilde Schluchten und Wasserfälle und aussichtsreiche Gipfel erschließt. In diesem Bereich finden auch die weniger geübten Wanderer ihre Ziele.

Eine meist ernstere Welt bietet das Hochgebirge. Im Osten locken die Ammergauer Alpen und die Tannheimer Berge, während die Allgäuer Hochalpen das gesamte zentrale Tourengebiet bedecken. Schmale Wege bringen uns hier zu einsamen Bergseen, abgelegenen Wasserfällen und beeindruckenden Schluchten. Steile Flanken sind zu queren und teils lange und steile Anstiege zu bewälti-

Im Frühjahr lässt sich in den Hügeln über dem Niedersonthofner See besonders farbenfroh wandern (Tour 40).

Nach Norden fällt der Zirmgrat mit steilen Wänden in das österreichische Vilstal ab (Tour 10).

gen, ehe man das Bild eines blauen Bergsees in seiner rauen Umgebung genießen oder über die üppig blühenden Hochwiesen der berühmten Allgäuer Blumenberge wandern kann. Doch einige Seilbahnen erleichtern den Vorstoß ins Hochgebirge, das so auch dem Normalwanderer zugänglich wird.

Tief eingeschnittene Täler öffnen immer wieder einfache Wege am Fuß der eindrucksvoll wilden Hochgebirgswelt. Hier lassen sich mit weniger Mühe Wasserfälle, Klammen und Bergseen erwandern. So bietet diese Region für jedes Alter und jedes Können eine breite Tourenpalette für mehr als einen Bergsommer.

Ihr Bernhard Irlinger

Wandern im Allgäu

Stein auf Stein

Die Landschaft im gesamten Tourengebiet ist natürlich geprägt von den Alpen. Die Gesteine der Hochgipfel wurden vor ca. 200 Millionen Jahren im tropischen Triasmeer abgelagert. In flachen, mit frischem Meerwasser gefüllten Becken wurden Kalke gebildet, die heute als schroffe, aus so genanntem Wettersteinkalk aufgebaute Felsgipfel in den Tannheimer Bergen und in den Ammergauer Alpen aufragen. Dank des harten Gesteins sind diese Berge für Kletterer ein beliebter Spielplatz. In sehr salzreichem Wasser kam es zur Bildung von Dolomitgestein. Der brüchige Hauptdolomit, der die mächtigsten Gipfel der Allgäuer Alpen aufbaut, erodierte zu bizarren Felsgestalten, zu deren Füßen sich ausgedehnte Schotterflächen ausbreiten. Typischerweise findet man auf diesen zur Verkarstung neigenden Bergen nur wenig Wasser, das in Höhlen oder unter mächtigen Schuttflächen verschwindet und oftmals erst in den Tälern wieder zu Tage tritt. Besonders faszinierend erscheinen in dieser lebensfeindlichen Welt die herrlichen kleinen Bergseen.

In den folgenden Jahrmillionen war ein Wechsel von Land und Meer für das Gebiet typisch,

Wasser formte die Felsen auf dem Gottesackerplateau zu einer bizarren Karstlandschaft (Tour 30).

in dem die Allgäuer Gesteine entstanden. So wurden in der Jurazeit vor ca. 150 Millionen Jahren ganz unterschiedliche Gesteine gebildet. Typisch für die folgende Kreidezeit sind harte Kalke, wie wir sie am Gottesackerplateau über dem Kleinwalsertal finden. In diesen wasserlöslichen Gesteinen spülte das Wasser ausgedehnte Karsthöhlen aus.

Vor ca. 80 Millionen Jahren bildete sich am Übergang von der Kreide zum Tertiär ein Tiefseegraben, in dem feine, merglige Sedimente abgelagert wurden. Von den steilen Seitenhängen rutschten immer wieder verschiedenartige Ablagerungen in den Graben und sorgten für eine Gesteinsvermengung. Das unter diesen Verhältnissen entstandene Gestein nennt man Flysch. Es bildet die sanft geformten Berge am Alpenrand, für die der Edelsberg bei Nesselwang als Beispiel dient. Niederschläge laufen auf den meist weichen und wasserundurchdringlichen Flyschgesteinen oberflächlich ab und schürfen steile Bachschluchten in die Bergflanken.

Im Tertiär begann die Hebung der Alpen und mit dem Aufsteigen der Gipfel setzte sogleich ihre Abtragung ein. Flüsse schütteten das erodierte Material in das nun entstehende so genannte Molassebecken, das sich am Nordrand der Alpen entlangzieht und heute mit bis zu 5000 Meter mächtigen Ablagerungen verfüllt ist. Sie bestehen großteils aus Sandsteinen und Konglomeraten, die im Allgäu wegen des Gerölls, das an der Oberfläche wie Nagelköpfe auswittert, Nagelfluh genannt wird. In der Nähe der Alpen wurde die Molasse in die Gebirgsfaltung mit einbezogen und es entstanden Voralpenerhebungen wie der Auerberg. Die harten Konglomeratgesteine kann das Wasser nur schwer abtragen und so queren sie oft als sperrende Felsriegel die Täler. Stromschnellen und Wasserfälle wie im Eistobel oder an den Buchenegger Wasserfällen sind die Folge.

Vor ca. 2 Millionen Jahren setzte die Eiszeit ein, in der gefrorenes Wasser das Bild der Landschaft entscheidend überarbeitete. Mächtige Gletscher schürften die Täler tief aus und schütteten im Alpenvorland Moränenwälle auf, die bis heute malerische Seen

aufstauen. Kleinere Seitengletscher gruben in den Bergen Karmulden und formten die Gipfel zu stolzen Felshörnern. In vielen dieser Kare finden wir bis heute die kleinen Bergseen, deren Wasserflächen bunte Tupfer in die steinerne Einöde des Hochgebirges zaubern.

Erst vor ca. 10 000 Jahren endete die Eiszeit. Zurück blieben breit ausgeräumte Talfurchen, die schnell wieder von ersten Pionierpflanzen zurückerobert wurden. Die Seitentäler, in denen während der Eiszeit nur kleine Gletscher lagen, wurden nicht so tief ausgefräst. Sie endeten nun hoch über dem Haupttal in steilen Wandstufen, über die bis heute die Bäche als Wasserfälle herabrauschen. War das Einzugsgebiet der Seitentäler groß genug, war also genug Wasser vorhanden, konnten sich die Bäche tief in das Gestein einschneiden. Typisches Beispiel ist die Breitach, die das gesamte Kleinwalsertal entwässert und in die Steilstufe zum Stillachtal die beeindruckende Breitachklamm geschnitten hat.

Mit dem Ende der Eiszeit begann die große Zeit des fließenden Wassers, das seither un-

Über der tief eingeschnittenen Pöllatschlucht spannt sich in atemberaubender Höhe der Mariensteg (Tour 6 und 7).

Auf den Allgäuer Bergwiesen lassen sich mit etwas Glück junge Murmeltiere beim Spielen beobachten.

ablässig am freigelegten Gestein nagt und schleift und das abgetragene Material als Sand und Schutt erneut ablagert. Besonders eindrucksvolle Formationen wie Stromschnellen und Wasserfälle finden wir immer dort, wo Wasser auf unterschiedliche Gesteine trifft. Weiches Material wird problemlos ausgeräumt, während die harten Partien als Hindernis zurückbleiben, über das das Wasser zu Tal stürzt.

Murmeltier und Enzian

Ein Puzzle aus Wäldern und Weiden bestimmt das Landschaftsbild im Allgäu und gibt einer Vielzahl von Tier- und Pflanzenarten einen Lebensraum. Neben den von Fichten dominierten Wirtschaftswäldern findet man auch noch artenreiche Bergmischwälder. In höheren Lagen bestimmen oftmals Lärchen, über der Baumgrenze auf kalkreichen Böden die widerstandsfähigen Latschen und auf mergeligem Untergrund die Grünerlen das Bild. Während der gesamten Bergsaison bringt eine Vielzahl von Blütenpflanzen Farbe in die karge Hochgebirgswelt. Im Frühjahr überziehen Krokusteppiche die Wiesen, die gelben Blüten der Aurikel leuchten an sonnigen Felshängen und die filigranen Soldanellen durchbrechen die Schneedecke. Im Frühsommer entdeckt man die blauen Kelche des stängellosen Enzians, die weit verbreitete Akelei und den seltenen Türkenbund. In höheren Lagen blühen bald der äußerst giftige Eisenhut, die verschiedenen Formen der Alpenrose und der gelbe Enzian. Viel Glück braucht man, um einen Frauenschuh oder ein Edelweiß zu ent-

decken. Im Herbst sorgen auf den ausgetrockneten Bergmatten die Silberdisteln für Abwechslung. Berühmte Blumenstandorte sind die Allgäuer Blumenberge rund um das Oytal und in der Flyschzone. Verschiedenartige nährstoffreiche Gesteine lassen hier eine Fülle seltener Pflanzen wachsen. Am Laufbacher Eck und an der Höfats unterhält die Bergwacht zwei Stationen, von denen aus diese ebenso einmalige wie empfindliche Pflanzenwelt bewacht wird.

Neben der Flora lädt auch die Fauna zu schönen Entdeckungen ein. Für jeden Wanderer ist es ein besonderes Erlebnis, an Herbstabenden dem Röhren der Hirsche zu lauschen. In höheren Lagen begeistern die Kletterkünste der Gämsen und der seltenen Steinböcke. Die verspielten Murmeltiere, die auf hoch gelegenen Almböden in größeren Kolonien zusammenleben, sind nicht nur die Lieblinge der Kinder. Ständige Besucher bei einer Gipfelrast sind die Dohlen, die um ihren Anteil an der Brotzeit betteln. Greifvögel wie Bussard, Falke und riesige Steinadler ziehen auf der Suche nach Beute am Himmel ihre Kreise. Nur sehr selten bekommt man Schnee- und Birkhuhn oder einen Auerhahn zu Gesicht. Ebenfalls im Verborgenen leben der Schneehase und die Kreuzotter, die bei geringster Störung die Flucht ergreift. Der schwarze Bergsalamander ist vor allem nach nächtlichen Regenfällen häufig auf den Bergpfaden unterwegs.

Der Mensch und die Berge

Schon in der Stein- und Bronzezeit durchschweiften die Menschen das Allgäu und hinterließen erste Spuren. Im ersten vorchristlichen Jahrtausend ließen sich die Kelten als erste sicher nachgewiesene Siedler im Allgäu nieder. Im Jahre 15. v. Chr. eroberten die Römer das nördliche Alpenvorland. 47. n. Chr. bauten sie die Via Claudia Augusta, die Rom mit der rätischen Provinzhauptstadt Augusta Vindelicorum, dem heutigen Augsburg, verband. Sie lief von Italien über Reschen- und Fernpass und folgte dann dem Lauf des Lech. Ab dem 3. Jahrhundert drangen die Alemannen immer wieder in das Allgäu ein, das sie schließlich nach und nach besiedelten. Sie rodeten die Urwälder und begründeten die Viehwirtschaft. Bald gerieten die Alemannen unter den Einfluss der Franken, die ab dem 7. Jahrhundert die Christianisierung vorantrieben.

Im 11. Jahrhundert entstand unter Führung der Staufer ein schwäbisches Herzogtum, das im 13. Jahrhundert wieder zerfiel. Das Allgäu wurde zu einem Flickenteppich verschiedener adliger und kirchlicher Herrschaftsgebiete. Am Ende des Mittelalters blühten Wirtschaft und Handel auf. Doch die Bauern stöhnten in Zeiten eines sich verschlechternden Klimas unter dem unerträglichen Abgabendruck der Grundherren. Der Unmut der Bauernschaft gipfelte 1525 im blutig niedergeschlagenen Bauernkrieg, der ein verwüstetes Land zurückließ.

Nach einer kurzen Erholungsphase hinterließen die Schwedenüberfälle im Dreißigjährigen Krieg und die Pest ein großteils zerstörtes und entvölkertes Allgäu. Nur langsam erholte sich im 18. Jahrhundert das Land, ehe Anfang des 19. Jahrhunderts der nicht von allen Allgäuern begrüßte Anschluss an Bayern vollzogen wurde. Doch unter bayerischer Verwaltung fand das Allgäu die nötige Ruhe, um seine wirtschaftlichen Verhältnisse zu ordnen. Im 19. Jahrhundert bekam das Allgäu zwei entscheidende Impulse, die das Wirtschaftsleben bis heute maßgeblich beeinflussen. Zum einen stellte die Landwirtschaft von Flachsanbau und Fleischerzeugung auf die lukrativere Milchwirtschaft und Käseerzeugung um. Zum anderen wurde das Gebiet nicht zuletzt dank der Allgäubegeisterung des bayerischen Königshauses als romantisches Urlaubsziel entdeckt. Mit dem Bau der ersten Eisenbahnstrecke begann die Entwicklung des Tourismus, der bis heute ein wesentliches wirtschaftliches Standbein geblieben ist.

Die Auswahl der Touren

Die hier vorgestellten Touren erschließen von den Hügeln im Vorland bis zu den Hochgipfeln der Allgäuer Alpen die verschiedenen Höhenlagen und geologischen Zonen des

Allgäus und des zu Österreich gehörenden Tannheimer Tales und Kleinwalsertales. Je nach Wetterlage, Jahreszeit und Fähigkeit kann so jeder die unterschiedlichen Facetten dieses herrlichen Landstrichs erleben. Kurze und flache Familienwanderungen im Alpenvorland stehen ebenso auf dem Programm wie längere, etwas anstrengendere Hochtouren mit steilen Wegpassagen. Die Schwierigkeitsbewertung erfolgt nicht nach der Länge einer Tour, sondern ausschließlich anhand der gehtechnischen Schwierigkeiten. Leichte Wanderungen verlaufen auf Wegen, die auch von ungeübten Wanderern gefahrlos zu begehen sind. Anspruchsvolle Touren wie jene am Nebelhorn verlangen aufgrund der Wegbeschaffenheit Trittsicherheit und ein gewisses Maß an Orientierungssinn. Die angegebenen Zeiten verstehen sich als reine Gehzeiten ohne Pause. Die Zeiten sind nach einem festen Schema berechnet und sollen

Die mittelalterliche Burg Eisenberg ist eine der eindrucksvollsten Ruinen im Allgäu (Tour 11).

An klaren Herbsttagen spiegelt sich der Alpenbogen auf der Wasserfläche des Hopfensees (Tour 9).

lediglich eine Richtschnur geben, an der sich jeder entsprechend seiner eigenen Geschwindigkeit orientieren kann. Da entlang den Wegen zahlreiche Sehenswürdigkeiten wie zum Beispiel Bergseen, Wasserfälle oder Burgen liegen, können auch kürzere Touren zu Tagesunternehmungen ausgedehnt werden. Gerade Familien sollten bei der Zeit- und Tourenplanung bedenken, dass Kinder zahlreiche und lange Pausen am Wasser einlegen wollen.

Unterwegs mit Kindern

Wanderungen mit Kindern sind ein ganz besonderes Erlebnis, denn sie bieten die Möglichkeit, die Welt erneut mit Kinderaugen zu sehen. Viele Dinge, die ohne Kinder unbe-

achtet bleiben würden, rücken wieder in den Mittelpunkt des Interesses. Eine geheimnisvoll verschlungene Wurzel, ein umgestürzter und mit Pilzen überwucherter Baum, eine dunkle Felsspalte oder die glitzernden Steine am Rand eines Flusses werden plötzlich wichtige Bestandteile der Natur, die ausführlicher Betrachtungen und Erklärungen bedürfen. Nur wenn man mit Kindern im Freien unterwegs ist, lernen sie die Natur kennen und schätzen und nur mit den Kindern lernen wir wieder die kleinen, unbedeutenden Dinge in der Natur entsprechend wahrzunehmen.

Ähnlich wie die Großen fasziniert natürlich auch die Kleinen die Verbindung einer Wanderung mit den Erlebnissen am Wasser. Anders als bei den Eltern sind es aber nicht die optischen Eindrücke, die Blicke auf Seen oder Wasserfälle. Das kindliche Erleben ist unmittelbarer, taktiler geprägt. Kinder wollen fühlen und anfassen. Mit eigenen Händen einen kleinen Staudamm bauen oder die Füße in einen eiskalten Bach tauchen, das sind die Erlebnisse der Kleinen, die ein gelungener Wandertag beinhalten sollte.

Dementsprechend müssen Eltern darauf achten, die richtigen Touren auszuwählen. Entsprechende Wanderungen sind nicht zu lang und bieten die Möglichkeit, abwechslungsreiche Pausen einzulegen. Wie bei Wandergruppen von Erwachsenen sollte selbstverständlich auch bei Familien der Schwächste die Auswahl des Zieles und das Tempo bestimmen. Denn nur wenn man die Kinder nicht überfordert, kann man sie auch in Zukunft wieder für Wanderungen begeistern. Gerade in diesem Buch findet man eine Vielzahl kürzerer und einfacherer Wanderungen, die ausgesprochen gut für Familien geeignet sind. Mit den Jahren und der nach und nach gewonnenen Kraft und Erfahrung lassen sich die Ziele dann steigern. Was alle Touren jedoch besonders interessant macht, das ist die Verbindung von Wandern und Wasser. Jede Tour bietet die Möglichkeit, verspielte Abenteuerpausen am Wasser einzulegen. Und so manche Wanderung lockt zusätzlich mit herrlichen Badeplätzen, die Kinder ganz besonders begeistern werden. Nehmen sie sich also nicht zu viel vor und genießen sie einen Familienwandertag am Wasser.

Die geeignete Wanderausrüstung

Abgesehen von einigen leichten Seewanderungen im Alpenvorland sind auf allen Touren in diesem Band feste Wander- oder Bergschuhe unerlässlich. Am wohlsten fühlt sich der Körper in spezieller Bergbekleidung, die den Schweiß nicht aufsaugt, sondern nach außen abführt. Moderne, wind- und wasserdichte Oberbekleidung sollte bei jeder Tour dabei sein, um für einen Wetterumschwung gerüstet zu sein. Ausreichende Verpflegung und ein großzügig bemessener Getränkevorrat versüßen nicht nur die Pausen, sondern

können im Notfall überlebenswichtig sein. Eine kleine Apotheke, Sonnenschutzmittel und eine Taschenlampe für Notfälle finden in jedem Rucksack Platz. Wanderstöcke entlasten nicht nur die Knie, sondern geben auf Geröll oder im Frühjahr auf Altschnee zusätzliche Sicherheit. Mit einem Mobiltelefon kann man auch im Notfall unter der Nummer 112 (die auch ohne Netzkarte zu erreichen ist) meist eine schnelle Hilfe organisieren. Auf keinen Fall aber sollte man durch die vermeintlich größere Sicherheit, die ein Mobiltelefon verspricht, zusätzliche Risiken auf sich nehmen!

Da viele Touren an Gewässern entlangführen, kann, gerade wenn man mit Kindern unterwegs ist, ein kleines Handtuch oftmals gute Dienste leisten. Aber auch Erwachsene werden durch einen sprudelnden Bach oder durch einen stillen See schnell dazu verleitet, die Füße ins kühle Nass zu tauchen. Dann heißt es gut abtrocknen, um Blasen zu vermeiden. Eine komplette Badeausrüstung ist natürlich auf all jenen Wanderungen angesagt, deren Routen zu Badestellen führen. Entsprechende Hinweise findet man in den Informationen am Beginn der Touren.

Karten: Am besten für Wanderungen und Bergtouren geeignet sind die Umgebungskarten des Bayerischen Landesvermessungsamtes im Maßstab 1:50 000, die mit den Blät-

Von der Schlossbergalm schweift der Blick über das Alpenvorland zu den Bergen des Ostallgäus (Tour 11).

ALPINER WETTERBERICHT

Gebührenpflichtige Wettervorhersage für das Allgäu: Tel 0190/116329

Wetter im Internet: www.all-in.de

Wetterbericht des Deutschen Alpenvereins: Tel. 089/295070 und unter www.alpenverein.de

Wetterberatung des Österreichischen Alpenvereins (Mo–Sa, 13–18Uhr): +43/(0)512/291600.

tern UK L8 / Allgäuer Alpen, UK L10 / Füssen, UK L11 / Lindau-Oberstaufen und UK L17 / Kempten das gesamte Tourengebiet abdecken.

Wanderungen für alle Jahreszeiten

Die Tourenauswahl dieses Bandes bietet Wanderungen für nahezu jede Jahreszeit. Selbst im Winter lassen sich bei wenig Schnee einige der Voralpentouren unternehmen. Besonders gemütlich wird dann eine Einkehr in der Abenddämmerung, um mit heißen Getränken die Lebensgeister wieder zu wecken. Selbst im Gebirge sind im Winter einige talnahe Wege geräumt und Bergdörfer wie Gerstruben verströmen mit ihren alten, von dicken Schneemützen bedeckten Bauernhöfen einen besonderen Reiz. Ein ganz besonderes Erlebnis bieten im Winter die zugänglichen Schluchten und Wasserfälle wie zum Beispiel die Breitachklamm, die der Frost zu einer bizarren Welt aus Eis erstarren lässt. Allerdings ist jetzt auch erhöhte Vorsicht geboten, denn auf den vereisten Wegen kann ein Ausrutscher fatale Folgen haben.

Die niedrigeren und nach Süden exponierten Touren sind die richtigen Ziele für das Frühjahr und den Spätherbst. Während die Berge noch oder schon wieder unter einer dicken Schneeschicht begraben sind, kann man hier die wärmenden Strahlen der Sonne genießen. Gerade an den langen Tagen im Frühjahr lassen sich schon ausgedehnte Wanderungen unternehmen und die Natur verwöhnt uns jetzt mit der schönsten Blumenpracht. Ausgesprochen eindrucksvoll gebärden sich im Frühjahr viele Klammen und Wasserfälle. Während nach langen Schönwetterperioden im Sommer oder Herbst oftmals nur magere Wasserstreifen über die Felswände herabfallen und schmale Bäche durch die Klammen

sprudeln, kann man während der Schneeschmelze im Frühjahr an tosenden Wasserfällen und tobenden Schluchtbächen die unbändige Kraft der Natur eindrucksvoll erleben.

Ab Juni kann man sich an die beschriebenen Hochtouren wagen. Dabei ist zu bedenken, dass an nordseitigen Wegstrecken Altschneereste bis weit in den Juni hinein Probleme bereiten können. Im Hochsommer können wir das Hochgebirge dann problemlos durchqueren. Die nun vermehrt auftretenden Gewitter erfordern jedoch eine genaue Wetterbeobachtung. An sehr heißen Tagen locken in dieser Zeit wieder die Touren am Alpenrand mit einem erfrischenden Bad in einem der zahlreichen Seen und Teiche. Vor allem die Kinder werden es einem danken, wenn man den Ehrgeiz ein wenig zurückstellt und trotz oder gerade wegen des schönen Wetters auf Touren setzt, die viel Zeit zum Baden oder Spielen in einem Wildbach erlauben.

Die schönste Jahreszeit für ausgedehnte Bergtouren ist zweifellos der Herbst. Die Temperaturen sind wieder angenehm und die klare Luft ermöglicht grenzenlose Fernblicke. Auf den Bergseen spiegelt sich nun oft ein makellos blauer Himmel und die Murmeltiere sind bei ihrer hektischen Futtersuche vor dem langen Winterschlaf oftmals gut zu beobachten.

Wichtige Reiseinformationen

Auskunft: Zentrale Informationsstelle für das gesamte Wandergebiet: Tourismusverband Allgäu/Bayerisch Schwaben, Tel. 0821/450 40 10, Fax 0821/45 04 01 20, www.allgaeu-bayerisch-schwaben.de.

Informationen über das Oberallgäu: Oberallgäu Tourismus Service, Hindelanger Str. 35, 87527 Sonthofen, Tel. 08321/800 45 40, Fax 08321/800 42 69, www.oberallgaeu.de

Informationen über das Ostallgäu: Tourismusverband Ostallgäu, Schwabenstr. 11, 87616 Marktoberdorf, Tel. 08342/91 13 13, www.ostallgaeu.de

Informationen über das Tannheimer Tal: Tourismusgemeinschaft Tannheimer Tal, Post-

fach 21, A-6675 Tannheim, Tel. +43/(0) 5675/
62 530, www.tannheimertal.at
Grenzüberschreitende Informationen: Allgäu-
Tirol Vitales Land, Tiroler Str. 176, 87459 Pfronten, Tel. 08363/92 89 90, www.vitales-land.com
Örtliche Auskunftsbüros sind bei den jeweiligen Touren aufgeführt.

Unterkunft: Für den Urlauber steht im gesamten Tourengebiet eine unübersehbare
Fülle an Unterkünften von einfachen Zim-
mern über Ferienwohnungen bis zu Luxus-
hotels zur Verfügung. Für Beratung und Bu-
chungen stehen die jeweiligen Informations-
büros gerne bereit.

Anreise: Mit dem Pkw sind von Norden her
das westliche Allgäu über die A 7 und die
A 96, das Oberallgäu über die A 7 und das
Ostallgäu über die A 7 oder alternativ über
die B 16 und B 17 (Romantische Straße) zu
erreichen.
Im Südwesten findet man über das Rheintal
von der Schweiz und von Österreich aus Anschluss an das Allgäuer Verkehrsnetz. Von
Westen kann man auf der B 31 vom Boden-
seegebiet und auf der B 32 von Oberschwa-
ben in das Allgäu anreisen.
Im Südosten treffen die Straßen aus dem
Lechtal, über den Fernpass und von Ober-
ammergau in Reutte zusammen und führen
von dort in das nahe Oberallgäu.
Im südlich von Reutte im Inntal gelegenen
Weißbach läuft die österreichische B 199
durch das Tannheimer Tal zum Oberjoch, wo
sie Anschluss an das Oberallgäuer Straßen-
netz findet. Zusätzlich ist das Tannheimer Tal
von Pfronten aus auf der Straße durch das
Enge-Tal zu erreichen.
Mit der Bahn sind die größeren Orte wie
Oberstaufen, Oberstdorf oder Füssen problemlos zu erreichen.

Öffentliche Verkehrsmittel: Das Allgäu und
das Tannheimer Tal besitzen ein gut aus-
gebautes öffentliches Verkehrsnetz. Die Aus-
gangspunkte der meisten beschriebenen
Touren sind daher mit Bahn oder Bus zu erreichen.

Fahrplanauskünfte erteilt auf deutscher Seite:
Fahrplanauskunft der Deutschen Bahn: Tel.
194 19 und www.bahn.de.
Fahrplanauskunft für Busse im Allgäu: Re-
gionalverkehr Schwaben-Allgäu, Tel. 08322/
967 70; Linienverkehr Komm mit, Tel. 08321/
90 77.
Fahrplanauskunft für Busse im Tannheimer
Tal: Tourismusgemeinschaft Tannheimer Tal,
Postfach 21, A-6675 Tannheim, Tel. +43/(0)
5675/62 530, www.tannheimertal.at

Im »Hotel Post« in Nesselwang wird seit Jahrhunderten Bier gebraut (Tour 12).

Notfall: Die Leitstelle der alpinen Rettungs-
dienste erreicht man im Allgäu unter der
Nummer 192 22; auf österreichischer Seite gilt
die Nummer 144. Im Notfall wählt man am
besten die 112, die von Mobiltelefonen auch
ohne Netzkarte zu erreichen ist.
Als alpines Notfallsignal gilt ein optisches
oder akustisches Zeichen, das sechsmal in der
Minute wiederholt wird. Nach einer Minute
Pause wird das Signal erneut gesendet. Wird
ein Notfallsignal erkannt, wird mit dreimali-
gem Zeichen in der Minute geantwortet.
Um bei Bedarf schnell gefunden zu werden,
sollte man unbedingt bei Familie, Freunden
oder Vermietern das angestrebte Tourenziel
und den Rückkehrtermin hinterlassen. Bei
Übernachtungen auf Hütten empfiehlt es
sich, das Wanderziel im Hüttenbuch einzutra-
gen.

Telefonvorwahl: Bei Gesprächen von Österreich nach Deutschland wählt man zuerst
die Landesvorwahl 00 49, bei Telefonaten von
Deutschland nach Österreich die 00 43. Nach
der Landesvorwahl entfällt jeweils die 0 am
Anfang der Ortsvorwahl.

Die Touren

Einsam liegt der wunderschöne Weiler Gerstruben in einem Hochtal südlich von Oberstdorf (Tour 24).

1 Von Stötten auf den Auerberg
Wallfahrtskirche und Römerwälle

3 Std.   8 km   je 340 m

WEGVERLAUF
Stötten – Römerweg – Auerberg – Römerweg – Stötten

CHARAKTER
Eine einfache Vorgebirgswanderung, die problemlos mit Kindern unternommen werden kann. Im Gipfelbereich weisen imposante Wälle auf die Zeit der römischen Besiedlung hin und von der atemberaubenden Aussichtsplattform auf der alten Wallfahrtskirche genießt man einen herrlichen Blick zum Alpenbogen. Die Tour lohnt besonders im Frühjahr und an klaren Herbsttagen.

AUSGANGS- UND ENDPUNKT
Das Ortszentrum von Stötten am Westfuß des Auerbergs.

ANFAHRT
Stötten liegt 7 km südlich von Marktoberdorf an der B 16, die von Füssen über Kaufbeuren nach Norden zur A 96 führt. Bei Anfahrt über die A 96 ist es empfehlenswert, ab der Ausfahrt Buchloe-West auf der B 12 bis Marktoberdorf zu fahren und erst dort auf die B 16 zu wechseln. In Stötten Bushaltestelle der Linie, die Füssen mit Marktoberdorf verbindet.

GEHZEITEN
Stötten – Auerberg 1.45 Std. – Stötten 1.15 Std.

BESTE JAHRESZEIT
Frühjahr bis Spätherbst

KARTE
Topografische Karte des Bayer. Landesvermessungsamtes 1:50 000, Blatt Füssen.

EINKEHR
In Stötten und auf dem Auerberg.

INFORMATION
Auerbergland e. V., Marktplatz 4,
86975 Bernbeuren, Tel. 08860/81 21,
E-Mail: info@auerbergland.de,
www.auerbergland.de
Tourist-Info Stötten am Auerberg, Füssener Str. 11, 87675 Stötten am Auerberg,
Tel. 08349/920 40, Fax 08349/92 04 20,
E-Mail: info@stoetten.de, www.stoetten.de

Von Stötten aus führt eine landschaftlich reizvolle Wanderung auf den geschichtsträchtigen Auerberg, der geologisch gesehen das westlicher gelegene und um einige Meter höhere Pendant zum bekannteren Hohen Peißenberg ist. Auf dem Römerweg, über den schon vor 2000 Jahren die Römer ihre Bergsiedlung versorgten, steigen wir hinauf zur herrlich gelegenen und kunsthistorisch interessanten Wallfahrtskirche auf dem Gipfel mit der atemberaubenden Aussichtsplattform, die sich zwischen Turm und Dachfirst befindet. An klaren Herbsttagen bietet sich von dort oben ein weiter Blick über den Forggensee zum Schloss Neuschwanstein und auf die wilde Ostallgäuer Bergwelt. Wer im Frühjahr unterwegs ist, den werden neben den herrlichen Ausblicken vor allem die bunten Blumenwiesen begeistern.

Die Wallfahrtskirche auf dem Auerberg beherbergt einige kostbare Kunstwerke.

Von Stötten auf den Römerweg Wir beginnen die Wanderung an der Kirche im Ortszentrum von Stötten. Wir gehen die Straße am Gasthof Sonne vorbei aufwärts und halten uns an der nächsten Kreuzung, den Wegweisern zum Römerweg und Auerberg folgend, links. Nach wenigen Metern leitet uns die Wegweisung geradeaus auf eine schmale Straße. Neben einer Tafel, auf der die Geschichte des Auerbergs erläutert wird, geht es geradewegs auf eine Wiese. Wir folgen einem weichen, sanft ansteigenden Weg, überqueren einen Feldweg und steigen durch frühlingsbunte Wiesen bergan. Bald wechseln wir geradewegs auf einen Wirtschaftsweg, der uns zu einem Bauernhof führt. Hier wenden wir uns auf dem Teersträßchen nach rechts und wandern über einen Bach zum Westrücken des Auerbergs. Bei erster Gelegenheit folgen wir dem Wegweiser zum Auerberg links auf eine schmale Teerstraße und wechseln schon nach wenigen Metern geradewegs auf einen Feldweg. Von der ersten Weggabelung steigen wir rechts sanft aufwärts auf eine auffällige Antenne zu und biegen vor einer Holzhütte links auf den »Römerweg« ein, der nun als schmaler Wanderweg bergan führt.

Auf dem Römerweg zur Wallfahrtskirche Wir steigen auf dem Wanderweg über den bewaldeten Westrücken des Auerbergs aufwärts. Bald ziehen sich die Wiesen über den Südhang bis zum Bergkamm herauf und für uns öffnet sich der Blick über das Voralpenland bis zur imposanten Gipfelkette der Alpen. An einer Rastbank erläutert hier eine

Über dem sanft gewellten Alpenvorland türmen sich die Gipfel der nahen Alpen.

Der Auerberg erhebt sich an der Grenze zwischen Allgäu und Oberbayern über dem idyllischen Voralpenland.

Panoramatafel die umfassende Aussicht. Uns zu Füßen liegt das sanft geschwungene Alpenvorland mit seinen dunklen Wäldern und sattgrünen Wiesen. Darüber spannt sich der Alpenbogen von den Gipfeln der Ammergauer Alpen über die wilden Felshörner der Tannheimer Berge bis zum markanten Grünten. Rings um uns blühen die Wiesen in den herrlichsten Frühjahrsfarben, während von den nahen Alpengipfeln noch die gleißenden Schneefelder herableuchten.

Immer nahe dem Bergrücken gelangen wir über den herrlich weichen Waldweg über eine Kuppe in eine Senke. Wir folgen dem Wegweiser zum Auerberg auf einen breiten, ansteigenden Weg. Er wird bald wieder schmaler und bringt uns zu der Weggabelung am Rand einer Wiese. Nach einer Rundtour über den Auerberg werden wir im Abstieg an dieser Stelle wieder auf den Anstiegsweg treffen, der uns zurück nach Stötten führen wird. Wir nehmen hier den linken, zum Auerberg ausgeschilderten Steig und wandern über blühende Wiesen auf den Gasthof Auerberg zu. Bald schaut auch die Kirche vom Gipfel aus auf uns herab. Nach einem Zaun gehen wir geradeaus über die

Wiesen zu einem breiten Feldweg hinauf. Er bringt uns links zur schmalen Fahrstraße, die von Bernbeuren auf den Auerberg führt. Vorbei am Gasthof steigen wir zur nahen Wallfahrtskirche auf dem höchsten Punkt des Auerbergs (1055 m) hinauf. Eine enge Treppe führt aus dem Kirchenschiff durch den im Kern romanischen Turm zu einem Fenster hinauf, durch das wir zur Aussichtsplattform hinaussteigen können. Sie schwebt in Schwindel erregender Höhe zwischen Kirchdach und Kirchturm. An klaren Tagen scheint von dort der Blick über das malerische Alpenvorland hin zu den markanten Gipfeln der Alpen grenzenlos zu sein. Nach dem Abstieg vom Turm lohnt ein Blick in die gotische, 1497 fertig gestellte Wallfahrtskirche, in der einige bemerkenswerte Kunstwerke zu entdecken sind. Über dem Eingang zur Sakristei befindet sich eine spätgotische Madonna, die der berühmte Allgäuer Bildhauer Jörg Lederer um das Jahr 1520 schuf. Die Rosenkranzmadonna im Chorbogen entstand Mitte des 17. Jahrhunderts und eine gotische Figurengruppe mit dem heiligen Georg Ende des 14. Jahrhunderts. Bemerkenswert sind außerdem eine kraftvolle,

lebensgroße Plastik des heiligen Georg als Drachentöter aus der zweiten Hälfte des 17. Jahrhunderts und die barocken Altäre. Das Gotteshaus ist alljährlich am Sonntag nach dem 23. April Ziel einer Wallfahrt mit sehenswertem »Georgiritt«, bei dem historisch kostümierte Reiter zu sehen sind.

An römischen Wällen vorbei zurück nach Stötten Von der Kirche wandern wir anschließend wieder zurück in den südlich gelegenen Wiesensattel und biegen dort von der Fahrstraße rechts in den breiten Feldweg ein. Wir biegen nach kurzer Strecke nicht rechts in den Wiesenweg ein, auf dem wir aufgestiegen waren, sondern folgen geradewegs dem Wirtschaftsweg. Er bringt uns wenig später zu einem Gatter, neben dem mächtige Wälle aufragen. Vor nahezu 2000 Jahren wurden sie von den Römern errichtet, um ihre Siedlung auf dem Auerberg zu schützen. Weiter geht es nicht links auf den Jägersteig, sondern auf dem breiten Feldweg geradeaus durch die Wallanlage. Der Wirtschaftsweg führt uns in weiten Kurven über die Wiesen sanft abwärts zum Waldrand. Bald verlassen wir das nach links abknickende Sandsträßchen und gehen

wenige Meter nach rechts zu einem Kreuz, von dem sich nochmals ein herrlicher Ausblick bietet.

Hier beginnt ein schmaler, gelb markierter Steig, der durch den Wald und am Waldrand entlang bergab führt. Wir erreichen eine Wiese, auf der uns eine Wegspur nach rechts leitet. Im Wald stoßen wir nach kurzer Strecke an einer Wegkreuzung auf unseren Anstiegsweg. Links wandern wir auf dem bekannten Weg, der uns bald nochmals herrliche Ausblicke über das Alpenvorland bietet, wieder hinab nach Stötten.

Auf der höchsten Kuppe des Auerberges stehen der Gasthof und die Wallfahrtskirche.

GENUSS AUF DEM AUERBERG UND IN STÖTTEN

Aussichtsreich einkehren lässt sich natürlich im Berggasthof auf dem Auerberg (Tel. 08860/235). Besonders gute schwäbische und Allgäuer Gerichte werden einem im Gasthof »Zur Sonne« in Stötten serviert, der beim Wettbewerb »Bayerische Küche« als Landkreissieger ausgezeichnet wurde (Tel. 08349/211).

2 Rund um Roßhaupten
Aussichtshöhen am Forggensee

3 Std. 9 km je 330 m

WEGVERLAUF
Roßhaupten – Mangmühle – Tiefenthalkapelle – Buch – Roßhaupten

CHARAKTER
Eine einfache Wanderung, die auf breiten
Wirtschaftswegen und schmalen Wander-
wegen durch eine abwechslungsreiche
Landschaft führt. Im Sommer kann man am
Forggensee eine Badepause einlegen. Vom
»Buch« hat man einen herrlichen Blick über
den Forggensee und Schloss Neuschwan-
stein zu den Alpen. Die Tour kann deutlich
verkürzt werden, wenn man über das Wall-
fahrtskirchlein Maria Steinach direkt nach
Roßhaupten absteigt.

AUSGANGS- UND ENDPUNKT
Die Kirche im Ortszentrum von Roßhaupten.

ANFAHRT
Roßhaupten liegt am nordwestlichen Ende
des Forggensees nahe der B 16. Verschiedene Parkmöglichkeiten im Ort. Busverbindung in verschiedene Richtungen.

GEHZEITEN
Roßhaupten – Badestrand Forggensee
0.45 Std. – Buch 1.30 Std. – Roßhaupten
0.45 Std.

BESTE JAHRESZEIT
Frühjahr bis Spätherbst

KARTE
Topografische Karte 1:50 000 des Bayer.
Landesvermessungsamtes, Blatt Füssen.

EINKEHR
In Roßhaupten.

INFORMATION
Touristinformation Roßhaupten,
Hauptstraße 10, 87629 Roßhaupten,
Tel. 08367/364, Fax 08367/12 67, E-Mail:
info@rosshaupten.de, www.rosshaupten.de.

Während die Bergkämme der Alpen vor Jahrmillionen emporgehoben
wurden, wurde im Vorland bis hin zur Donau ein riesiger Trog immer weiter abgesenkt. Noch während die Berge immer weiter in den Himmel
wuchsen, nagte an ihnen schon die Erosion. Die abgetragenen Gesteine
füllten den so genannten Molassetrog im Vorland mit mehreren tausend
Metern mächtigen Ablagerungen. In der Nähe der Alpen wurden dann
diese Molassegesteine teilweise mit aufgefaltet. Die bekanntesten dieser
Molasseberge im bayerischen Alpenvorland sind der Hohenpeißenberg
und der Auerberg. Aber auch südlich von Roßhaupten strecken sich die
Kuppen der Molasseberge vom Ufer des Forggensees weit nach Westen.
Ein aussichtsreicher Weg führt über den Kamm zum höchsten dieser kleinen Berge, dem Zwieselberg, der mit dem Rastplatz am so genannten
Buch einen herrlichen Aussichtspunkt bietet. Für eine herrliche Erfrischung sorgt während der Sommermonate der wunderschöne Badeplatz
nahe der Tiefenthalkapelle am Forggensee.

Römerstraße und Badeplatz am Forggensee Neben der Kirche im Zentrum von Roßhaupten gehen wir von der abknickenden Vorfahrtsstraße
in die »Hauptstraße« benannte Nebenstraße, die am Eingang der Kirche
vorbei nach Südwesten führt. An einem nahen Platz mit gusseisernem
Brunnen folgen wir der »Füssner Straße« nach links und biegen nach wenigen Schritten links in den »Mangmühlenweg« ein, der uns geradewegs
aus dem Ort führt. Nun wandern wir, vorbei an einer kleinen Kapelle, auf
der schmalen Teerstraße über die Wiesen. Nach der Bundesstraßenunter-
führung quert der Via-Claudia-Augusta-Radweg, der im Wesentlichen
dem Lauf der alten Römerstraße folgt, unseren Weg. Wir wechseln hier jedoch geradewegs auf einen Wirtschaftsweg, der uns bald an Fischteichen
vorbei zur Mangmühle bringt. Hier sollten wegen der Enten- und Gänse,

die schnatternd die Weiher bevölkern, unbedingt alle Tore wieder sorgfältig verschlossen werden. Die Mangmühle steht übrigens auf historischem Boden, denn direkt hier verlief einstmals die bedeutende Römerstraße Via Claudia Augusta.

An der Mangmühle biegen wir nach dem letzten Teich rechts in einen Wirtschaftsweg ab, der sanft ansteigt und der Linie der alten Römerstraße folgt. Der Weg führt uns bald durch einen dichten Wald, in dem zahlreiche Singvögel geschäftig hin und her schwirren. Nach kurzer Strecke erreichen wir den Forggensee. Am Ufer entlang geht es zur Anlegestelle Tiefenthal, die von den Forggensee-Ausflugsschiffen angelaufen wird. Hier versinkt die alte Römerroute in den Fluten des aufgestauten Forggensees. Wir wechseln auf einen schmalen Pfad, der weiter am Ufer des Forggensees entlang nach Süden verläuft, bis wir auf einen breiteren Weg treffen. Auf ihm sind es links nur noch wenige Schritte zur Wasserwachthütte. Dort bieten sich herrliche Badeplätze für eine lange, erfrischende Rast an. Tiefgrün leuchten der Wasserspiegel des Forggensees und die gegenüberliegenden Wiesen. Der Kiesstrand verläuft recht flach ins

kühle Nass und bietet auch Kindern ein ungefährliches Badevergnügen.

Zwei Varianten nach Roßhaupten Der schmale Weg folgt einer nach Westen ausbauchenden Bucht, die das Tal des versunkenen Tiefenthalbaches nachzeichnet, und steigt allmählich an. Noch im 8. Jahrhundert wanderte hier St. Magnus, besser bekannt als der Allgäuheilige St. Mang, auf der Via Claudia Augusta gen Süden. Nur die Holzbrücke über

Auf dem Forggensee spiegeln sich die Berge der Ammergauer Alpen.

An der Mangmühle genießen die Gänse ihr Leben.

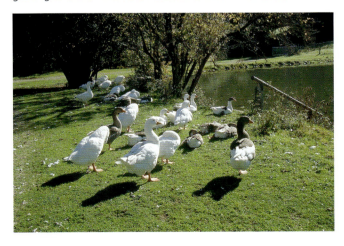

Kein Windhauch kräuselt die spiegelglatte Wasserfläche des Forggensees.

das Tiefe Tal bei Roßhaupten sei laut einer alten Chronik zu dieser Zeit schon zerstört gewesen. Bald geht es unter der Bundesstraßenbrücke hindurch. Vorbei an der Tiefenthalka-

DIE RÖMISCHE VIA CLAUDIA AUGUSTA

15 v. Chr. drang die römische Armee unter Drusus über die Alpen nach Norden vor und eroberte das Gebiet südlich der Donau. Nach und nach etablierte sich in den folgenden Jahrzehnten der Weg der Eroberer über den Reschen- und Fernpass als wichtigste römische Nord-Süd-Verbindung. Kaiser Claudius ließ diesen Weg zur einzigen Staatsstraße über die Alpen ausbauen und weihte sie 46 n. Chr. unter dem Namen »Via Claudia Augusta« ein. Bis heute sind Teile des 2000 Jahre alten Straßendamms, der einstmals auf deutschem Gebiet von Füssen am Lech entlang nach Augsburg und weiter nach Donauwörth verlief, erhalten und zeugen von den römischen Ingenieurleistungen.

pelle folgen wir geradewegs dem schmalen, ansteigenden Weglein, bis wir auf eine breite Forststraße treffen. Auf ihr wenige Meter nach links und dann rechts in einen ansteigenden Wirtschaftsweg, der uns auf einen aussichtsreichen Wiesenrücken hinaufführt. Auf dem Feldweg wandern wir an der Kapelle auf der »Alten Reiten« vorbei über die Wiesenkuppen zum Bergsattel, der von der Verbindungsstraße Roßhaupten–Ussenburg überquert wird. Wer die Tour abkürzen möchte, der findet 300 Meter vor der Straße rechts eine schmale Wegspur, die wenige Meter zum Hügelkamm ansteigt und ein kurzes Stück dem Kammverlauf folgt. Von dort kann man einen letzten Blick auf den Alpenbogen genießen, ehe man jenseits an den Kreuzwegstationen vorbei zur Wallfahrtskirche Maria Steinach absteigt. Von dort läuft eine schmale Straße durch die Wiesen direkt in das nahe Roßhaupten hinab.

Wir entscheiden uns für die längere Wegvariante und gehen auf der Teerstraße ca. 50 Meter nach links zu einer Hütte, neben der wir in einen Feldweg einbiegen. Er führt uns über Wiesen, die uns eine weite Aussicht zu den Bergen des Ostallgäus gewähren, bergan. Am Ende der Wiesen gehen wir geradewegs in den Wald und an einer nahen Weggabelung weiter geradeaus bergauf. Nach kurzer Strecke stoßen wir auf eine breite Forststraße, der wir nach links folgen. Bald führt diese über Wiesen abwärts in ein bewaldetes Bachtal.

Abstecher zum Buch Wir biegen jedoch links in einen Wanderweg ein und überqueren den nahen Bach. Über eine Wiese steigen wir in den Wald hinauf und halten uns an der Weggabelung links. Der schmale Weg windet sich durch den steilen Waldhang zu einem breiten Querweg hinauf. Wir gehen rechts und folgen dem Schotterweg, bis wir an seinem Ende auf einen schmalen Wanderweg wechseln können. Er führt uns steil zu einem Wirtschaftsweg hinauf. Auf ihm rechts auf-

wärts und vor einem Zaun rechts auf einen schmalen Weg. Nun geht es am Zaun entlang, bis wir links durch den Zaun zum nahen Kreuz auf dem Buch (1050 m) gehen können. Eine Bank lädt zur Rast ein und eine Panoramakarte hilft beim Identifizieren der zahlreichen Alpengipfel, die als malerische Kulisse hinter dem Forggensee aufragen. Deutlich hebt sich Schloss Neuschwanstein von den bewaldeten Hängen von Tegelberg und Säuling ab und als markante Felshörner stoßen die Gipfel der Tannheimer Berge in den Himmel. Lange bleiben wir hier sitzen und blicken in die weite Runde, ehe wir die letzte Etappe des Tages in Angriff nehmen.

Zurück nach Roßhaupten Vom Buch steigen wir anschließend auf dem Anstiegsweg wieder zur Wegkreuzung im Bachtal ab. Dort folgen wir der breiten Forststraße nach links. An einer Weggabelung bleiben wir auf dem Hauptweg, der links abwärts verläuft. Dieser führt uns in einem weiten Bogen durch die Wiesen, bis wir bei den ersten Häusern von Roßhaupten die Hauptstraße erreichen. Wir halten uns rechts und folgen der Straße zur Kirche im Zentrum von Roßhaupten zurück.

Immer wieder führen die Wege im Alpenvorland durch malerisches Bauernland.

3 Von Buching auf den Buchenberg
Am Rand der Ammergauer Alpen

2.45 Std.   6 km   je 390 m

WEGVERLAUF
Buching – Kulturenweg – Buchenberg – Rundweg Ebene – Buchenberg – Bachweg – Buching

CHARAKTER
Sowohl der beschriebene An- wie auch der Abstiegsweg am Buchenberg sind teils recht steil und steinig und vor allem nach Regenfällen rutschig. Diese Wege können durch eine Fahrt mit der Sesselbahn zum Gipfel des Buchenberges vermieden werden (Seilbahnauskunft Tel. 08362/983 60). Von dort führt ein Rundweg ohne große Mühen auf breiten Wegen zu den aussichtsreichen Bergwiesen der so genannten Ebene. Vom Buchenberg beeindrucken die Sicht zu den steilen Felsbergen der Ammergauer Alpen und der Tiefblick auf das Alpenvorland. Eine besondere Attraktion stellen die zahlreichen Gleitschirmflieger dar, die am Gipfel des Buchenbergs starten.

AUSGANGS- UND ENDPUNKT
Die Talstation der Buchenberg-Sesselbahn in Buching.

ANFAHRT
Die Talstation der Buchenberg-Sesselbahn liegt am südlichen Ortsrand von Buching unmittelbar neben der B 17 (Romantische Straße), die von Füssen über Landsberg nach Augsburg führt. In Buching Bushaltestelle der Linie von Füssen nach Steingaden.

GEHZEITEN
Buching – Buchenberg 1.15 Std. – Ebene 0.20 Std. – Buchenberg 0.25 Std. – Buching 0.45 Std.

BESTE JAHRESZEIT
Frühjahr bis Spätherbst

KARTE
Topografische Karte 1:50 000 des Bayer. Landesvermessungsamtes, Blatt Füssen.

EINKEHR
In Buching und auf dem Gipfel des Buchenbergs.

INFORMATION
Gästeinformation Halblech, Bergstr. 2a Buching, 87642 Halblech, Tel. 08368/285 oder 912 22 22, Fax 08368/72 21, E-Mail: info@halblech.de, www.halblech.de

Zu Füßen des Buchenberges breitet sich das seenreiche Ostallgäuer Voralpenland aus.

Der Buchenberg ist einer jener unscheinbaren Gipfel, die am nordwestlichen Rand der Ammergauer Alpen über dem breiten Lechtal aufragen. Im Gegensatz zu seinen höheren, jedoch meist dicht bewaldeten Nachbarn bietet der Buchenberg herrliche Tiefblicke auf das seenreiche Alpenvorland und eine berauschend schöne Sicht zu den Felsbergen rund um die Hochplatte. Und Familien mit kleinen Kindern können den Gipfel mit der Sesselbahn »erobern« und nur die kurze, harmlose Rundtour über die so genannte Ebene genießen.

Auf dem »Kulturenweg« zum Buchenberg Von der Talstation der Buchenberg-Sesselbahn steigen wir rechts neben der Sesselbahn kurz über die Wiese aufwärts und folgen dann dem »Kulturenweg« nach rechts. Bald geht es an einem Bachlauf entlang bergan, bis zur Abzweigung in einen Feldweg nach rechts, dem wir folgen. Am Waldrand geht unser Weg in einen wurzeligen Steig über, der uns teils steil zu einer Forststraße führt. Jenseits finden wir die Fortsetzung unseres Weges, der sich in zahlreichen Kehren durch den steilen Waldhang nach oben windet. Erst ganz oben wird es etwas flacher und der Steig bringt uns rechts zu einem Sattel, von dem wir nach wenigen Schritten den aussichtsreichen Gipfel des Buchenbergs (1142 m) erreichen. Dort lädt die Buchenbergalm, neben der zahlreiche Gleitschirmflieger starten, zur Einkehr.

Der Rundweg über die »Ebene« Vor dem Abstieg wollen wir noch den Rundweg über die Almwiesen mit ihren herrlichen Ausblicken südlich des Gipfels erkunden. Wir folgen der Zufahrtsstraße kurz abwärts. Die erste rechts abgehende Forststraße bleibt unbeachtet und wir biegen erst in den zweiten Forstweg ein, der rechts als »Buchenberg-Rundweg« ausgeschildert ist und auf eine sanfte Waldkuppe führt. Bald gelangen wir mit einer schmalen Wegspur zu einer Bergwiese und auf nun wieder breitem Weg geht es bergab zu einer Kreuzung. Wir halten uns auf dem Rundweg links und wandern über die herrlichen Alpweiden der so genannten

Südlich des Buchenberges sägen die felsigen Hochgipfel der Ammergauer Alpen am Horizont.

Ebene, auf der wir den herrlichen Blick zu Hochplatte, Geiselstein und den anderen Felsbergen im Herzen der Ammergauer Alpen genießen. Nach einem Gatter treffen wir wieder auf die Zufahrtstraße zum Buchenberg, auf der wir links zum Gipfel hinaufwandern.

Auf dem Bachweg hinab nach Buching Neben der Bergstation der Sesselbahn beginnt der so genannte »Bachweg«, der am Rand einer aussichtsreichen Wiese steil bergab verläuft und dann ein kurzes Stück auf einem Bergrücken entlangführt. Nach einem Hüttchen geht es steil und rutschig zu einem Bach hinab. Der anfangs steile und steinige Weg schlängelt sich rechts des Baches bergab, bis wir weiter unten den Bach nach links zu einem groben Schotterweg hin überqueren. Auf ihm steigen wir zum nahen Ortsrand von Buching ab. Wir wechseln geradewegs auf eine Teerstraße und biegen in die dritte Straße ein, die links abgeht. Nun wandern wir in gleich bleibender Richtung flach oder leicht fallend zu einer Wiese, über die wir zur nahen Talstation der Buchenberg-Sesselbahn absteigen können.

4 Rund um den Vorderscheinberg
Panoramarunde über der Kenzenhütte

● ⊙ 🏃 ⛰ 🚌
2.45 Std.   5 km   je 480 m

WEGVERLAUF
Kenzenhütte – Bäckenalmsattel – Scheinbergjoch – Lösertaljoch – Kenzenhütte

CHARAKTER
Eine herrliche Wanderung auf schmalen Steigen, die in den Hängen über dem Bäckenalmsattel und über dem »Kessel« Trittsicherheit verlangen. Hier ist vor allem mit Kindern,
die für diese Tour Bergerfahrung mitbringen
sollten, Vorsicht geboten. Bei schlechter
Sicht oder Gewittergefahr sollte dieser Weg
nicht begangen werden. Ausgesprochen
eindrucksvoll sind die gewaltige Karstsenke
des »Kessels« und der traumhafte Ausblick
vom Scheinbergjoch zu den nahen Hochgipfeln rund um die mächtige Hochplatte.

AUSGANGS- UND ENDPUNKT
Halblech bzw. die Kenzenhütte (1294 m)
am Nordfuß der Hochplatte. Ab Parkplatz Kenzenhütte am südlichen Ortsrand von Halblech
(an der B 17 ausgeschildert) fahren Kleinbusse
zur 12 km entfernten Hütte. Abfahrt während
der Woche ab 8 Uhr, am Wochenende ab 7 Uhr
stündl. bis 11 Uhr, bei Bedarf auch öfter; letzte
Rückfahrt um 17.30 Uhr. Auskunft zu den Abfahrtszeiten beim Busunternehmen Schwarz,
Tel. 08368/550. Busfahrplan unter www.berg-
gasthof-kenzenhuette.de

ANFAHRT
Halblech liegt nordöstlich von Füssen an der
B 17 (Romantische Straße). Busverbindung
Richtung Füssen und Steingaden.

GEHZEITEN
Kenzenhütte – Bäckenalmsattel 0.45 Std. –
Kessel 0.25 Std. – Scheinbergjoch 0.40 Std. –
Kenzenhütte 0.55 Std.

BESTE JAHRESZEIT
Juni bis Oktober

KARTE
Topografische Karte 1:50 000 des Bayer.
Landesvermessungsamtes, Blatt Füssen.

EINKEHR
In der Kenzenhütte.

INFORMATION
Gästeinformation Halblech, Bergstr. 2a
Buching, 87642 Halblech, Tel. 08368/285
oder 912 22 22, Fax 08368/72 21, E-Mail:
info@halblech.de, www.halblech.de

*Am Scheinbergjoch öffnet sich der Blick auf die
Felsgipfel im Herzen der Ammergauer Alpen.*

Im Osten ragen über der im Herzen der Ammergauer Alpen gelegenen
Kenzenhütte die Steilabbrüche des Vorderscheinbergs auf. Ein teils recht
steiler und Trittsicherheit verlangender Weg führt uns über mehrere Pässe
und durch eine riesige Karstsenke rund um diesen Berg und eröffnet uns
herrliche Blicke auf die wilden Felsgipfel in der Nachbarschaft.

Zur Karstsenke des Kessel Am Buswendeplatz vor der Kenzenhütte
zweigt links ein schmaler, nach Linderhof ausgeschilderter Steig ab, über
den auch der Europäische Fernwanderweg E 4 verläuft. Er führt uns bequem ansteigend durch die Wälder am Fuß des Vorderscheinbergs nach
Norden. Bald geht der Blick zu den Steilwänden des Geiselsteins, die in der
Morgensonne aufleuchten.
Der Steig bringt uns zu aufgelassenen Alpweiden, über denen die Kessel-
wand steil aufragt. Ohne große Mühen geht es über die Weiden zum
Bäckenalmsattel hinauf. Rechts zieht ein steiler, felsdurchsetzter Grashang bergauf, den es nun zu überwinden gilt. Wir wechseln rechts auf

den zur Hochplatte ausgeschilderten Steig, der kurz nach links ausholt und dann durch den Steilhang weit nach rechts zu einem Wäldchen quert. Im Wald wird der steilste Hangabschnitt überwunden und durch Wiesen steigen wir im Zick-Zack ohne Probleme zur obersten Felsstufe hinauf. Der Weg wendet sich nach links und führt uns über einen Wiesenrücken an den unteren Rand des »Kessels«. Diese gewaltige Karstschüssel wird von Vorderscheinberg und Hasentalkopf überragt und im Gegenhang können wir schon deutlich den weiteren Anstiegsweg ausmachen.

Über das Scheinbergjoch zurück zur Kenzenhütte

Der Weg führt uns vom Wiesenrücken kurz abwärts an den Rand des »Kessels« und dann links durch lichten Wald an den Fuß des Hasentalkopfs. Anfangs zwischen Latschenkiefern hindurch und dann über breite, gut gestufte Felsbänder steigt der Weg jetzt nach rechts zu einer Felsrinne an, durch die wir uns zum nahen Scheinbergjoch hinaufmühen. Von hier kann man links über den Kamm zum Hasentalkopf oder rechts zum Vorderscheinberg gelangen. Da beide Anstiege recht schwierig sind, begnügen wir uns damit, den ersten, problemlos zu erreichenden Felskopf zur Rechten zu er-

BROTZEIT IN DER KENZENHÜTTE

Fast ein Muss ist am Ende der schweißtreibenden Tour eine Rast in der gemütlichen Kenzenhütte (Tel. 08368/550). An der in einem schattigen Waldtal gelegenen Hütte schmecken ein kühles Bier und eine zünftige Bergsteigerbrotzeit besonders gut. Und nach der Stärkung kann man am nahen Bach entlang in wenigen Minuten einen Spaziergang zu einem rauschenden Wasserfall unternehmen.

steigen. Von dort bietet sich ein herrlicher Blick zu den Hochgipfeln rund um die mächtige Hochplatte.

Vom Scheinbergjoch steigen wir anschließend jenseits auf schmalem Weglein über Felsen und Schutt zum Lösertaljoch hinab. Wir gehen rechts über den Sattel und folgen dem breiten Weg abwärts, der sich an einer Felswand teilt. Auf einem der beiden Wegäste abwärts zu einer Schuttreiße. Hier treffen wir auf den Anstiegsweg zur Hochplatte, der uns rechts abwärts über Alpweiden zur Hirtenhütte führt. Nun wandern wir im Wald auf breiterem Weg um den westlichen Fuß des Vorderscheinbergs, ehe uns ein Abstieg zu einer breiten Forststraße bringt. Auf ihr wandern wir durch den Wald in wenigen Minuten hinab zur nahen Kenzenhütte.

Durch die riesige Karstwanne des »Kessel« leitet der Weg zum Scheinbergjoch hinauf.

5 Rund um den Geiselstein
Im Herzen der Ammergauer Alpen

4.30 Std. 9 km 870 m/1020 m

WEGVERLAUF
Kenzenhütte – Kenzensattel – Gumpenkar – Krähe – Geiselsteinsattel – Wankerfleck

CHARAKTER
Eine aussichtsreiche Hochgebirgswanderung auf steinigen Pfaden für trittsichere Wanderer. Ohne den Abstecher zur Krähe ist die Tour allerdings einfacher und verlangt weniger Kondition. Zu den Höhepunkten der Wanderung zählen sowohl der weite Ausblick vom Gipfel der Krähe als auch die imposanten Nahblicke auf die dunkle Nordflanke der Hochplatte und die steilen Kletterwände des Geiselsteins.

AUSGANGS- UND ENDPUNKT
Halblech bzw. die Kenzenhütte (1294 m) am Nordfuß der Hochplatte. Ab Parkplatz Kenzenhütte am südlichen Ortsrand von Halblech (an der B 17 ausgeschildert) fahren Kleinbusse zur 11 Kilometer entfernten Kenzenhütte. Abfahrt während der Woche ab 8 Uhr, am Wochenende ab 7 Uhr stündlich bis 11 Uhr, bei Bedarf auch öfter; letzte Rückfahrt um 17.30 Uhr. Auf der Rückfahrt halten die Busse auch am Wankerfleck, wo es aber wegen Überfüllung der an der Kenzenhütte startenden Busse zu Wartezeiten kommen kann. Auskunft zu den Abfahrtszeiten beim Busunternehmen Schwarz, Tel. 08368/550. Busfahrplan unter www.berggasthof-kenzenhuette.de

ANFAHRT
Halblech liegt nördlich von Füssen an der B 17 (Romantische Straße). Busverbindung Richtung Füssen und Steingaden.

GEHZEITEN
Kenzenhütte – Gumpenkar 1.15 Std. – Krähe 1.15 Std. – Gumpenkar 0.45 Std. – Wankerfleck 1 1/4 Std.

BESTE JAHRESZEIT
Mitte Juni bis Oktober

KARTE
Topografische Karte des Bayer. Landesvermessungsamtes 1:50 000, Blatt Füssen

EINKEHR
In der Kenzenhütte

INFORMATION
Gästeinformation Halblech, Bergstr. 2a, 87642 Halblech/Buching, Tel. 08368/285 oder 912 22 22, Fax 08368/72 21, E-Mail: info@halblech.de, www.halblech.de

Die Kenzenhütte liegt im Herzen eines der größten Naturschutzgebiete Deutschlands, das 27 000 Hektar der Ammergauer Alpen umfasst. Schon unter den bayerischen Königen stand das wilde Gebirge unter besonderem Schutz, da sich das nahe den Königsschlössern gelegene Bergland als ideales Jagdrevier anbot. Touristisch erschlossen sind bis heute nur die Ränder der Ammergauer Alpen, denn der Zugang in den Kernbereich des Naturschutzgebiets muss mit ermüdend langen Wegen erkauft werden. Eine Ausnahme bildet das herrliche Wanderrevier an der Kenzenhütte. Hier lässt sich der lange Zustieg durch eine angenehme Fahrt mit dem Bus vermeiden. So startet man erholt am Fuß der eindrucksvollen Berggestalten von Hochplatte, Krähe und Geiselstein.

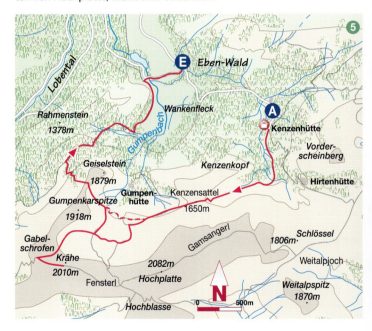

Über den Kenzensattel ins Gumpenkar Zu Beginn folgen wir von der Kenzenhütte (1294 m) der Forststraße, die durch den Wald bergan führt. Schon nach wenigen Minuten wechseln wir kurz oberhalb einer scharfen Linkskurve rechts auf einen schmalen, zur Hochplatte und Krähe ausgeschilderten Steig. Nach wenigen Schritten halten wir uns an einer Weggabelung wieder rechts und queren oberhalb eines rauschenden Wasserfalls auf gut gesichertem Weg den felsdurchsetzten Steilhang. Bald erreichen wir einen sanften Talboden am Fuß der Hochplatte. Wir folgen dem plätschernden Bachlauf bergan und überqueren nach kurzer Zeit zwei schmale Bächlein. Das steinige Weglein schlängelt sich nun aufwärts durch ein breites, von Felsblöcken übersätes Wiesental, die sogenannte Gasse. Zwischen den Abstürzen der Hochplatte und den mauerglatten Wänden des Kenzenkopfes, durch die extreme Klettertouren führen, steigen wir zum Kenzensattel (1650 m) hinauf, der von bizarren Felsnadeln überragt wird.

Hier öffnet sich der Blick zum Geiselstein, dessen helle Kalkwände das Licht der Morgensonne einfangen. Der Weg führt uns vom Sattel jenseits kurz abwärts. Nur wenig oberhalb äsen einige Gämsen, die sich von uns nicht sonderlich stören lassen. Nach einer langen Beobachtungspause wandern wir ohne große Mühe in fast gleich bleibender Höhe zum Gumpenkar hinüber. An einer Weggabelung müssen wir uns für einen der beiden möglichen Weiterwege entscheiden.

Die einfachere Kurzvariante zum Geiselsteinsattel Wer nicht auf steilem und steinigen Weg die Krähe erobern will, folgt dem rechten, zum Geiselstein ausgeschilderten Weg. Dieser quert noch kurz durch das mit großen Felsblöcken übersäte Gumpenkar und trifft am Gegenhang auf den Querweg, der vom Geiselsteinsattel zum Gabelschrofensattel hinaufläuft. Dort treffen beide Wegvarianten wieder zusammen und rechts führt ein kurzer, aber schweißtreibender Anstieg zum Geiselsteinsattel hinauf.

Vom Gumpenkar zur Krähe Wir gehen an der Weggabelung am Beginn des Gumpen-

kars geradeaus in Richtung Fensterl-Hochplatte und folgen dem schmalen Steig, der sich zwischen Latschen bewachsenen Felsblöcken durch den Karboden schlängelt. Nach einem kurzen Anstieg wenden wir uns an einer Weggabelung, der Beschilderung zum Gabelschrofen folgend, nach rechts und wandern an blauem Eisenhut und roten Alpenrosen vorbei im Bogen durch das Kar. Über uns leuchtet auf der Krähe das Gipfelkreuz, von dem die düstere, senkrechte Nordwand ins Kar abbricht. Bald erreichen wir eine Wegkreuzung, an der wir nach links Richtung Gabelschrofensattel hinaufsteigen. Der Weg quert durch die Wiesenhänge aufwärts und bringt uns zur Schutthalde am Fuß von Gabelschrofen und Krähe. Über den Schutt steigen wir teils rechts mühsam in den Gabelschrofensattel hinauf, von dem sich der Blick nach Westen zum markanten Säuling und zu den steilen Tannheimer Felsbergen öffnet. Unsichere und weniger erfahrene Bergsteiger sollten nicht zum Gipfel der Krähe ansteigen, sondern stattdessen den aussichtsreichen Gableschrofensattel als Umkehrpunkt wählen. Schon wenige Meter vor dem Gabelschrofensattel biegt links der rot-weiß-rot

Über den Kenzensattel, der von bizarren Felstürmen überragt wird, führt der Weg ins Gumpenkar.

DER GEISELSTEIN

Obwohl der Geiselstein mit einer Gipfelhöhe von 1879 Metern deutlich niedriger ist als seine Nachbarn, zieht er doch die meisten Blicke auf sich. Dank seiner markanten Form wird er oft als »Matterhorn der Ammergauer Alpen« bezeichnet. Auf dieses allseits steil abfallende Felshorn führt kein Weg, der dem Normalbergsteiger den Aufstieg erlauben würde. Umso wohler fühlen sich die Kletterer in den zahlreichen Routen, die die Steilwände des Geiselsteins durchziehen. Seine prägnante Gestalt verdankt der Berg den senkrecht gestellten und aus hartem Wettersteinkalk aufgebauten Felsschichten, die vor ca. 200 Millionen Jahren im tropischen Triasmeer abgelagert wurden.

markierte Steig ab, der uns den steilen Anstieg zum Gipfel der Krähe vermittelt. Er quert zu einer Felsrinne, in der wir einen eingeklemmten Felsblock überklettern müssen. Nach dieser kurzen, wenig gefährlichen Kraxelei im nicht allzu steilen Gelände erreichen wir den Gipfelkamm. Links führt uns der Steig über harmlose Grashänge zum nahen Gipfelkreuz auf der Krähe (2010 m). Die Mühen des steilen Anstieges werden hier mit fantastischen Nahblicken zu den umliegenden Felsbergen und herrlichen Fernblicken bis weit in die österreichische Bergwelt belohnt.

Über dem Gumpenkar leuchten das Felshorn des Geiselsteins mit seinen hellen Kalkwänden auf.

Für den Abstieg wählen wir den schon bekannten Weg hinab ins Gumpenkar. Dort halten wir uns an der ersten Weggabelung, der Beschilderung zum Geiselstein folgend, links und steigen am Westrand des Kars leicht aufwärts. Bald ragt nahe vor uns das herrliche Felshorn des Geiselsteins auf und ein kurzer Abstieg bringt uns zu einer weiteren Wegkreuzung. Von rechts kommt der weiter oben beschriebene Steig herauf, der als Kurzvariante von der Kenzenhütte zum Geiselstein führt. Ein letzter kurzer Anstieg bringt uns jetzt am Fuß der sonnenüberfluteten Südwand des Geiselsteins, in der einige Kletterer ihre Kräfte messen, in den Geiselsteinsattel (1700 m).

Schattiger Abstieg zum Wankerfleck Ein letztes Mal geht der Blick zurück zur wuchtigen Berggestalt der Hochplatte, ehe wir dem Wegweiser zum Wankerfleck durch den Bergwald abwärts folgen. Der Weg pendelt in unzähligen Kehren durch den steilen Hang zu einer Wegkreuzung hinab. Wir wandern auf dem besseren Weg nach rechts und queren

zur Nordseite des Geiselsteins. Ein steiler Wiesenhang verlangt hier vor allem mit Kindern etwas Vorsicht. Bald türmen sich über uns die steilen Nordwände des Geiselsteins, durch die extrem schwierige Kletterrouten leiten. Wir steigen in Serpentinen über einen breiten Hang ab, ehe uns weiter unten der teils feuchte Steig durch den Bergwald abwärts leitet.

Am Rand der ebenen Wiesen am Wankerfleck treffen wir auf einen breiten Wirtschaftsweg, dem wir nach links folgen. Wir wandern am Gumpenbach entlang und biegen rechts in die zweite, zur Wankerfleck-Kapelle und zur Kenzenhütte ausgeschilderte, Sandstraße. Eine Brücke hilft uns über den Bach und in wenigen Minuten schlendern wir über die Alpweiden zur Kapelle auf dem Wankerfleck (1148 m), die an der Zufahrtsstraße zur Kenzenhütte liegt. Hier warten wir auf den Bus, der uns zurück nach Halblech bringt. Wer genug Zeit hat, kann natürlich auch rechts eine halbe Stunde lang zur Kenzenhütte hinaufwandern, um dort vor der Rückfahrt noch zünftig einzukehren.

Eine eindrucksvolle Kette steiler Felsberge umschließt das abgeschiedene Gumpenkar.

3.45 Std.   11 km   250 m / 1190 m

WEGVERLAUF
Tegelbergbahn Bergstation – Bleckenau – Schloss Neuschwanstein – Tegelbergbahn Talstation

CHARAKTER
Die einfache Kurzvariante vom Branderfleck direkt hinab in die Bleckenau verläuft auf breiten, gut ausgebauten Wanderwegen und weist kaum Anstiege auf. Der beschriebene Abstecher zur aussichtsreichen Ahornspitze führt über schmale, teils steinige Bergsteige und erfordert etwas mehr Kondition und Trittsicherheit. Der Abstecher zum Gipfel des Branderschrofen verläuft teils über steile, mit Drahtseilen gesicherte Felspassagen und ist nur versierten Bergsteigern zu empfehlen. Zwischen der Bleckenau und Hohenschwangau verkehren Kleinbusse, mit deren Hilfe man die Tour verkürzen kann. Busfahrplan unter www.berggasthaus-bleckenau.de. Ansonsten folgt man hier bis kurz vor Schloss Neuschwanstein der Straße, ehe man auf Wanderwegen den atemberaubenden Mariensteg und die malerische Pöllatschlucht erkundet.

AUSGANGS- UND ENDPUNKT
Die Berg- bzw. die Talstation der Tegelbergbahn (Fahrplanauskunft Tegelbergbahn unter Tel. 08362/983 60).

ANFAHRT
Ausgeschilderte Zufahrt von der B 17 (Romantische Straße) nahe Schwangau zur Talstation der Tegelbergbahn. Bushaltestelle an der Talstation der Tegelbergbahn an der Linie Füssen (Bahnstation)–Steingaden.

GEHZEITEN
Tegelbergbahn Bergstation – Ahornspitze 1 Std. – Bleckenau 1.15 Std. – Neuschwanstein 1 Std. – Tegelbergbahn Talstation 0.30 Std.

BESTE JAHRESZEIT
Juni bis Oktober

KARTE
Topografische Karte 1:50 000 des Bayer. Landesvermessungsamtes, Blatt Füssen.

EINKEHR
An der Bergstation der Tegelbergbahn und in der Bleckenau.

INFORMATION
Tourist Information Schwangau, Münchner Str. 2, 87645 Schwangau, Tel. 08362/819 80, Fax 08362/81 98 25, E-Mail: info@schwangau.de, www.schwangau.de

1832 ließ Kronprinz Maximilian, der spätere Bayernkönig Max II., auf den Ruinen einer mittelalterlichen Burg Schloss Hohenschwangau erbauen. Auf Anweisung des passionierten Jägers wurden die nahen Ammergauer Alpen als königliches Jagdrevier mit breiten Reitwegen und Unterkunftshäusern erschlossen. Vom 1852 erbauten königlichen Jagdhaus auf dem Tegelberg wandern wir durch das Kerngebiet des Reviers über das Jagdhaus in der Bleckenau hinab nach Hohenschwangau. Der Weg führt uns durch das Naturschutzgebiet Ammergauer Alpen, eines der größten in Deutschland, und folgt der anfangs gutmütigen Pöllat, die dann bei Schloss Neuschwanstein durch eine wilde Schlucht rauscht.

Abstecher zum Branderschrofen Faszinierend ist es, die zahlreichen Drachenflieger und Paraglider bei ihren atemberaubenden Startmanövern zu beobachten, ehe man an der Bergstation der Tegelbergbahn auf dem breiten Wanderweg startet, der nach links ansteigt. An der nahen Weggabelung halten wir uns links und folgen dem breiten Weg weiter aufwärts. Bald ist eine aussichtsreiche Wiese erreicht, an der die meisten der Seilbahnbenützer zurückbleiben. Der Weg schlängelt sich anschließend aufwärts bis zu einem schwach ausgeprägten Vorgipfel. Hier warnt ein Schild mit der Aufschrift »Stop – Nur für Geübte« vor dem Weiterweg, wird allerdings nicht von allen beachtet, für die es aufgestellt wurde.

Der Steig, der ab hier an einigen Stellen mit Drahtseilen gesichert ist, wird jetzt schmal und quert in die steile Südflanke. Ein kurzer Anstieg bringt uns auf die luftige Gratschneide hinauf. Der Fels ist stark abgeschmiert und bei Nässe ist ab hier Vorsicht geboten. Wir steigen jetzt links des Kamms zum felsigen Gipfelaufbau, den wir in leichter Kletterei überwinden. Vom großen Metallkreuz auf dem Gipfel des Branderschrofen (1880 m) genießen wir die herrlichen Ausblicke zu Geiselstein und Hoch-

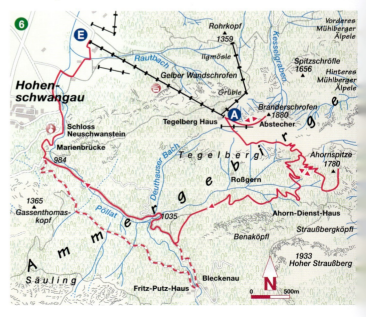

platte im Osten und zum südlich gelegenen Säuling. Vom Gipfel steigen wir wieder hinab zur Bergstation der Tegelbergbahn.

Auf dem Königlichen Reitweg Vor der Bergstation der Tegelbergbahn führt ein Weg rechts hinab zum nahen Tegelberghaus. Wir halten uns jedoch links und betreten nach wenigen Metern das Naturschutzgebiet Ammergauer Alpen, das zu den ausgedehntesten in Deutschland zählt. Über Bergwiesen, die im Frühsommer von den gelben Blüten der Trollblumen gesprenkelt sind, wandern wir zu einem Bergkamm, von dem sich der Blick nach Süden öffnet. Mächtig drängt sich nun der breitschultrige Säuling mit seinen steilen Felshängen ins Bild. Der breite Weg, der an einer harmlosen Felsstelle mit einer Kette entschärft wurde, führt jetzt ein kurzes Stück durch die steilen Südhänge des Branderschrofen abwärts und quert dann in gleich bleibender Höhe nach Osten. Hoch über uns leuchtet das Gipfelkreuz des Branderschrofen vor dem tiefblauen Himmel. Bald führt uns ein kurzer Anstieg ohne große Mühe zur Wegkreuzung am Branderfleck genannten Sattel hinauf. Wer die Ahornspitze nicht besteigen möchte, der biegt hier rechts in den gut ausgebauten Reitweg ein.

Abstecher zur Ahornspitze Wir gehen am Branderfleck geradeaus. Der jetzt schmale, erdige Weg windet sich in Kehren durch den Wald aufwärts zum Ostrücken der Ahornspitze. Anschließend queren wir in gleich bleibender Höhe den Hang, bis wir links auf ein schmales Steiglein abzweigen. In Kehren steigen wir durch den Latschenhang zu einer Scharte hinauf, an der sich der Blick nach Osten auf die Felsgipfel im Herzen der Ammergauer Alpen öffnet. Hält man sich in der Scharte rechts, ist ein aussichtsreicher Vorgipfel schnell und problemlos zu erreichen. Von der Scharte links hinauf zieht ein etwas steilerer und anspruchsvollerer Steig durch Latschen und an Felstürmen vorbei hinauf zum nahen Gipfel der Ahornspitze (1780 m), von dem wir den herrlichen Rundumblick genießen. Vom Gipfel steigen wir anschließend wieder zum Querweg hinab. Geht man auf ihm nach links, kann man am nahen Ahornsattel rechts in einen schmalen, rot markierten Steig einbiegen. An der nächsten Weggabelung hält man sich wieder rechts und steigt zum Reitweg ab, den man wenig oberhalb der Ahornhütte erreicht. Da dieser Weg in recht schlechtem Zustand ist, empfiehlt es sich, dem vom Aufstieg bekannten Weg zurück zum Branderfleck zu folgen.

Vom Tegelberg geht der Blick am markanten Säuling vorbei zur Tiroler Bergwelt.

Abstieg in die Bleckenau Hier biegen wir in den breiten Reitweg ein, der nach Süden in Kehren abwärts verläuft. An der Ahornhütte geht er in eine Forststraße über, die uns zur geteerten Straße durch das Pöllattal hinabführt. Über sie kann man rechts Richtung Hohenschwangau wandern. Wir halten uns jedoch links und folgen der Straße, die uns in 10 Minuten zu den wundervoll gelegenen Wiesen der Bleckenau bringt. Links liegt etwas erhöht die urige, im ehemaligen königlichen Jagdhaus untergebrachte Wirtschaft, von der aus man auch mit dem Bus nach Hohenschwangau und zur Talstation der Tegelbergbahn zurückkkehren kann.

Zwei Wegvarianten zum Schloss Neuschwanstein Zum einen können wir in der Bleckenau die Pöllat überqueren und kurz darauf rechts in eine Forststraße einbiegen. Sie steigt sanft an und quert dann die bewaldeten Nordhänge am Fuß des Säulings, ehe

RAST AM TEGELBERG

Auf der Wanderung am Tegelberg kann man gleich zweimal königlich einkehren. Sowohl die aussichtsreiche Berggaststätte im Tegelberghaus (Tel. 08362/89 80) nahe der Bergstation der Tegelbergbahn als auch die weltabgeschieden gelegene Wirtschaft in der Bleckenau (Tel. 08362/811 81) sind in ehemaligen königlichen Jagdhütten untergebracht und bieten die Möglichkeit für eine urige Rast.

Nach oben hin wird der Anstieg zum Branderschrofen immer steiler und gefährlicher.

sie abwärts zu einer Kreuzung oberhalb von Schloss Neuschwanstein führt.

Zum anderen können wir einfach der Teerstraße, auf der wir das letzte Stück in die Bleckenau angestiegen sind, wieder bergab folgen. Auf ihr verkehren nur die kleinen Pendelbusse und sie führt uns bald direkt an der sprudelnden Pöllat entlang, an der Kinder wunderschöne Spielplätze finden. An der Kreuzung oberhalb von Schloss Neuschwanstein finden beide Varianten wieder zusammen.

Von dort folgen wir dem viel begangenen Teerweg abwärts. Bald führt rechts ein Abstecher zur Marienbrücke, den wir uns nicht entgehen lassen. In atemberaubender Höhe überspannt der schmale Steg die Pöllatschlucht und bietet einen herrlichen Blick auf das nahe Schloss Neuschwanstein, zu dem uns anschließend der Teerweg steil abwärtsführt.

Durch die Pöllatschlucht Vor dem hoch aufragenden Schloss biegen wir rechts in den Treppenweg, der in das Tal der Pöllat hinabführt. Bald geht der Blick hinauf zum rauschenden Wasserfall, über dem sich in Schwindel erregender Höhe auf dem zerbrechlich wirkenden Mariensteg zahlreiche Touristen drängen. Der Weg folgt der für kurze Zeit wieder zahmen Pöllat, die als Abenteuerspielplatz zur Rast einlädt. Doch bald rücken die Hänge wieder nahe zusammen und das Flüsschen rauscht in schäumenden Kaskaden zu Tal. Den untersten, engen Abschnitt der Pöllatschlucht überwinden wir auf einem schmalen Steg, der an einer senkrechten, glatten Felswand entlangführt. Kurz darauf treffen wir an der ehemaligen Gipsmühle auf einen Fahrweg, dem wir nach rechts folgen. An einer Gabelung rechts auf den breiten Kiesweg, der dem Lauf der Pöllat folgt. Bald überqueren wir rechts die Pöllat, biegen links in einen Kiesweg und wandern über sanft ansteigende Wiesen zur nahen Talstation der Tegelbergbahn. Direkt neben der Talstation kann man zum Abschluss der Tour besichtigen, wie die alten Römer mit Wasser umgingen. Die Grundmauern einer Therme, in der verschieden temperierte Bäder für Erholung sorgten, lassen den gehobenen Lebensstil vor nahezu 2000 Jahren erahnen.

Ohne Mühe schweben wir mit der Seilbahn von der Talstation nahe dem Forggensee zum Tegelberg hinauf.

MÄRCHENSCHLOSS NEUSCHWANSTEIN

Angefacht durch seine romantische Mittelalterbegeisterung und angeregt durch einen Besuch der Wartburg ließ König Ludwig II., der einen Großteil seiner Jugend auf dem nahen Schloss Hohenschwangau verbrachte, an Stelle einer Burgruine ab 1869 Schloss Neu-Hohenschwangau erbauen. Bis zu seinem Tode im Jahre 1886 wurde an diesem Gesamtkunstwerk gearbeitet, das bis auf den Bergfried und die Kapelle größtenteils fertig gestellt wurde. Erst ab 1890 bürgerte sich für das Schloss, das heute zu den größten Touristenmagneten in Deutschland zählt, der Name Neuschwanstein ein.

7 Rund um den Alpsee
Bergsee und Königsschlösser

3 Std. 9 km je 300 m

WEGVERLAUF
Hohenschwangau – Alpsee – Israelit – Marienbuche – Neuschwanstein – Pöllatschlucht – Hohenschwangau

CHARAKTER
Eine einfache Wanderung auf breiten Wanderwegen und schmalen Waldsteigen, die herrliche Blicke zu den Königsschlössern und auf den Alpsee bietet. Schon nach wenigen Minuten lässt man den Touristenrummel an den Königsschlössern hinter sich und wandert vor allem südlich des Sees auf einsamen Waldwegen. Die schattigen Wege bieten eine erholsame Wanderung für heiße Sommertage und führen zum Schloss Neuschwanstein und der eindrucksvollen Pöllatschlucht. Folgt man nur dem Ufer des Alpsees, wird die Tour deutlich verkürzt und bietet eine Bademöglichkeit.

AUSGANGS- UND ENDPUNKT
Der große Parkplatz in Hohenschwangau am Fuß von Schloss Neuschwanstein.

ANFAHRT
Mehrere beschilderte Zufahrtsstraßen, die bei Schwangau von der B 17 (Romantische Straße) nach Süden zum Parkplatz in Hohenschwangau abzweigen. In Hohenschwangau Haltestelle der Buslinie Füssen (Bahnstation)–Steingaden.

GEHZEITEN
Hohenschwangau – Marienbuche 1.30 Std. – Neuschwanstein 1.15 Std. – Hohenschwangau 0.15 Std.

BESTE JAHRESZEIT
Frühjahr bis Spätherbst

KARTE
Topografische Karte 1:50 000 des Bayer. Landesvermessungsamtes, Blatt Füssen.

EINKEHR
In Hohenschwangau.

INFORMATION
Tourist Information Schwangau, Münchner Str. 2, 87645 Schwangau, Tel. 08362/819 80, Fax 08362/81 98 25, E-Mail: info@schwangau.de, www.schwangau.de

Diese Wanderung beginnt an einer der meistbesuchten Touristenattraktionen Deutschlands. Von Japan bis nach Amerika steht Schloss Neuschwanstein als Symbol für das romantische Deutschland und so mögen die großen Parkplätze, die zahlreichen Reisebusse und Pferdekutschen und das babylonische Sprachgewirr am Fuß der Königsschlösser kaum verwundern. Umso überraschender ist jedoch immer wieder die Erfahrung, dass nicht allzu weit entfernt von solchen Touristenmagneten stille und fast unberührte Landschaften auf ihre Erkundung warten. Ein enges Tal, das einstmals die Eiszeitgletscher in die Berge schürften, zwängt sich zwischen die Felskuppen, auf denen die Königsschlösser Neuschwanstein und Hohenschwangau thronen. Unvermittelt öffnet sich dieses Tal zu dem weiten Kessel, in dem der malerische Alpsee liegt. Folgt man seinem Ufer, lässt man bald den Touristenrummel an den Königsschlössern hinter sich und kann ungestört die stille Schönheit dieser Landschaft genießen.

Zum Lieblingsplatz der Königin Vom großen Parkplatz in Hohenschwangau wandern wir geradewegs auf der breiten Teerstraße durch das Tal, das sich zwischen den Schlössern Neuschwanstein und Hohenschwangau nach Südwesten zwängt. Rechts führt ein kurzer Abstecher hinauf zum malerischen Schloss Hohenschwangau, von dessen Gartenanlage sich ein herrlicher Blick zum Alpsee bietet. Vorbei an Hotels, Souvenirläden und Parkplätzen erreichen wir nach wenigen Minuten das Ufer des Alpsees, dessen blaue Wasserfläche sich zwischen die steilen Waldhänge schmiegt. Wir halten uns rechts und folgen einer schmalen Teerstraße. Die Fahrstraße hinauf zum Schloss Hohenschwangau bleibt bald rechts und nach einem Anstieg, der uns an einer Felswand entlangführt, biegen wir links auf den Wanderweg ein. Die Touristenmassen haben wir nun schon hinter uns gelassen und nur mit wenigen anderen zusammen müssen wir uns

den Blick teilen, der von einem Aussichts-punkt über das Steilufer hinab zum See geht. Vom Aussichtspunkt folgen wir der Beschilde-rung des Seerundweges nach rechts. Der wundervolle Weg, auf dem wir nur noch sel-ten auf andere Wanderer treffen, führt an-fangs hoch über dem See entlang. Nach und nach steigt er zum Ufer hinab und führt uns um das Westende des Sees zum Marien-monument, von dem sich ein herrlicher Blick über den Alpsee nach Neuschwanstein bietet. Es erinnert an Marie Friederike, die Frau des Bayernkönigs Max II. und Mutter des Mär-chenkönigs Ludwig II. Hier war einer der Lieb-lingsplätze der Königin, die die Ruhe in der Natur suchte. Wir folgen weiterhin dem Ufer-weg, der uns bald als Holzsteg am felsigen Steilufer entlangführt und uns anschließend zu einer Wegkreuzung an einer mit Schilf umstandenen Bucht bringt. Folgt man hier weiter dem Seeufer, kann man an der Bade-anstalt vorbei schnell zum Ausgangspunkt zurückwandern. Gerade für heiße Sommer-tage, an denen man eine Abkühlung im kla-ren Alpsee sucht oder für Familien mit kleine-ren Kindern bietet sich diese Kurzvariante an.

Durch die Waldhänge nach Neuschwan-stein Wir haben allerdings eine längere Rundtour vor und wollen die einsamen Wald-hänge südlich des Alpsees erkunden. So bie-gen wir vom Seeufer scharf rechts auf einen Wirtschaftsweg, der durch den Wald ansteigt. Bald wechseln wir an seinem Ende rechts hal-tend auf einen schmalen Wanderweg und erreichen nach kurzer Strecke die eindrucks-vollen Wände am so genannten »Israelit«, in denen Bohrhaken die Linien anspruchsvoller Sportkletterrouten markieren. Der Weg führt uns an den Steilwänden entlang aufwärts zu einer Weggabelung. Biegt man auf den linken Weg ein und hält sich später rechts, kann man auf kürzerem Weg zur Marienbuche am Lo-batboden aufsteigen. Wir folgen jedoch dem wundervollen Gnomensteig geradewegs auf-wärts, der sich durch den Waldhang nach oben schlängelt. An der Wegkreuzung am oberen Ende der Felsen halten wir uns links.

Über dem glasklaren Alpsee ragen die steilen Hänge von Säuling und Tegel-berg auf.

Auf einem schmalen Steg wird die engste Stelle der Pöllatschlucht überwunden.

Der schmale Weg führt uns in weiten Bögen durch den Waldhang aufwärts, biegt dann nach links ein und geht am linken Rand einer Talmulde zu einem Forstweg. Auf der bald breiten Forststraße wandern wir geradewegs zur nahen Marienbuche am Lobatboden.

Wir folgen weiterhin der breiten Forststraße, die noch kurz ansteigt und uns dann bergab zu einer Weggabelung führt. Wir wechseln rechts auf einen schmaleren Forstweg, der nach einem sanften Anstieg geradewegs in einen Steig übergeht. Er leitet uns in gleich bleibender Höhe durch den steilen Waldhang. Mehrmals sind harmlose Schuttrinnen zu überqueren, bis wir am Fuß steiler Felsabbrüche auf die Straße treffen, auf der die Touristenbusse zum Schloss Neuschwanstein hinauffahren. Wir bleiben hier am besten noch auf dem schmalen Steig, der wenige Meter oberhalb der Straße durch den Hang steil nach oben führt. Bald queren wir auf einem Steg einen steil abfallenden, felsigen Wildbachtobel und wandern dann eben zu

einer breiten Forststraße. Auf ihr geht es links abwärts zur nahen Straßenkreuzung, an der die Fahrgäste der Neuschwansteinbusse aussteigen.

Von dort folgen wir dem viel begangenen Teerweg abwärts. Bald führt rechts ein Abstecher zur Marienbrücke, die in atemberaubender Höhe die Pöllatschlucht überspannt und einen herrlichen Blick auf das nahe Schloss Neuschwanstein bietet, zu dem der Teerweg steil abwärtsführt.

Durch die Pöllatschlucht Vor dem hoch aufragenden Schloss biegen wir rechts in den Treppenweg, der in das Tal der Pöllat hinabführt. Bald geht der Blick hinauf zum rauschenden Wasserfall, über dem sich auf dem zerbrechlich wirkenden Marienseteg zahlreiche Touristen drängen. Der Weg folgt nun der Pöllat, die zur Rast einlädt. Doch bald wird es wieder enger und das Flüsschen rauscht in schäumenden Kaskaden zu Tal. Auf einem schmalen, luftigen Steg, der in den glatten

Felswänden verankert ist, durchqueren wir den wildromantischen untersten Abschnitt der Schlucht, ehe uns der Weg zur ehemaligen Gipsmühle am Ausgang des Tales bringt. Neben den verfallenden Gebäuden treffen wir auf einen breiten Fahrweg, dem wir nach links folgen. Auf ihm nach links und nach kurzer Strecke links auf einem parallel verlaufenden Wanderweg am Fuß des Schlossbergs entlang, bis wir auf den geteerten Fußweg zum Schloss Neuschwanstein treffen. Er führt uns rechts zum nahen Parkplatz in Hohenschwangau zurück.

SCHLOSS HOHENSCHWANGAU

1832 erwarb der bayerische Kronprinz Maximilian die Ruine eines Renaissance-Schlosses, das 1809 während der napoleonischen Kriege von aufständischen Tirolern zerstört worden war. Er ließ es in neugotischem Stil zum Schloss Hohenschwangau umbauen und die prunkvollen Räume, die bis heute nahezu unverändert erhalten sind, mit großflächigen Bildern aus der deutschen Geschichte und Sagenwelt ausmalen. Vom Schlossgarten mit seinem plätschernden Brunnen hat man eine großartige Aussicht auf den Alpsee und die umgebende Bergwelt. Der spätere »Märchenkönig« Ludwig II. verbrachte hier einen großen Teil seiner Jugend.

Vom bezaubernden Garten von Schloss Hohenschwangau bietet sich ein herrlicher Blick auf den Alpsee.

| 3 Std. | 8,5 km | je 300 m | | | |

WEGVERLAUF
Füssen – Lechfall – Alpenrosenweg – Schloss Hohenschwangau – Schwansee – Kalvarienberg – Füssen

CHARAKTER
Eine einfache Wanderung durch die Vorberge zwischen Füssen und den Königsschlössern. Die Route verläuft in weiten Teilen auf schmalen Wanderwegen und führt zu Sehenswürdigkeiten wie dem mächtigen Lechfall, dem malerischen Schloss Hohenschwangau und dem Füssener Kalvarienberg. Der Schwansee bietet neben einer herrlichen Aussicht zum Schloss Neuschwanstein auch eine schöne Badestelle.

AUSGANGS- UND ENDPUNKT
Die Lechbrücke am Südrand der Altstadt von Füssen.

ANFAHRT
In Füssen kreuzen sich die Bundesstraßen B 16, B 17 und B 310. Die Stadt ist außerdem mit der Bahn erreichbar.

GEHZEITEN
Füssen – Lechfall 0.15 Std. – Schloss Hohenschwangau 1.15 Std. – Badestelle Schwansee 0.30 Std. – Füssen 1 Std.

BESTE JAHRESZEIT
Frühjahr bis Spätherbst

KARTE
Topografische Karte 1:50 000 des Bayer. Landesvermessungsamtes, Blatt Füssen.

EINKEHR
Am Lechfall, in Hohenschwangau und Füssen.

INFORMATION
Füssen Tourismus, Kaiser-Maximilian-Platz 1, 87 629 Füssen, Tel. 08362/938 50, Fax 08362/93 85 20, E-Mail: tourismus@fuessen.de, www.stadt-fuessen.de

Ausgangspunkt dieser Tour ist das malerische Füssen, dessen Geschichte bis in römische Zeit zurückreicht. Mit seiner geschlossen erhaltenen Altstadt, die von zahlreichen Kirchtürmen und dem Hohen Schloss überragt wird, ist Füssen wohl einer der schönsten Orte im deutschen Alpenraum. Von der Stadt folgen wir ein kurzes Stück dem Verlauf der alten Römerstraße Via Claudia Augusta, ehe wir beim beeindruckend tosenden Lechfall den Fluss überqueren. Schattige Waldwege führen uns dann über die bewaldeten Vorberge zum Schloss Hohenschwangau und zum Schwansee, der zu einem erfrischenden Bad einlädt, bevor es über den Kalvarienberg zurück nach Füssen geht.

Zum tosenden Lechfall Wir beginnen unsere Wanderung nahe der vollständig mit barocker Lüftelmalerei geschmückten Spitalkirche an der Lechbrücke am südlichen Rand der Altstadt von Füssen. Am Nordufer

In die Gischt des tosenden Lechfalls malt die Sonne einen Regenbogen.

des Lechs führt uns unterhalb von St. Mang ein Fußweg in das nahe Bad Faulenbach. Im kleinen Ort biegen wir links in den »Mühlenweg«. Er knickt bald nach rechts ab und wir steigen geradewegs eine Treppe hoch. Wir verlassen den Ort in südlicher Richtung und halten uns an einer Straßengabelung links. Vorbei an einer Hinweistafel zur römischen Via Claudia Augusta und einem römischen Meilenstein folgen wir dem Weg zum tosenden Lechfall, in dessen Gischt das Sonnenlicht einen Regenbogen malt. In den Felsen über dem Wasserfall erkennen wir neben einem Kreuz den »Magnustritt«, zwei schuhförmige Abdrücke. Auf der Flucht vor Heiden soll sie der Allgäuer Missionar hinterlassen haben, als er sich durch einen mächtigen Sprung über die Schlucht vor wütenden Heiden in Sicherheit brachte. Wir überqueren auf der schmalen Brücke den Fluss und steigen zur Bundesstraße hinauf.

Auf stillen Wegen zum Schloss Hohenschwangau
Jenseits der B 17 beginnt eine schmale Teerstraße, die an einem Biergarten vorbei aufwärtsführt. Nach 200 Metern biegen wir an einer Weggabelung rechts in den von Alleebäumen beschatteten Weg, der uns sanft aufwärts zu einem geteerten Weg führt. Wir folgen ihm rechts hinauf. Er geht in einen Kiesweg über und bringt uns zu einer Kreuzung, an der wir rechts auf einen Wanderweg einbiegen. Nach 100 Metern halten wir uns erneut rechts, überqueren dann auf einem Bergsattel geradeaus eine breite Forststraße und folgen dem Wegweiser des Alpenrosenweges nach Hohenschwangau. Auf schmalem Forstweg wandern wir über einen kleinen Hügel und überqueren im folgenden Sattel einen Wirtschaftsweg.
Kurz darauf knickt der Alpenrosenweg an der Nordflanke des Schwarzenberges nach links ab und führt uns als herrlich angelegter Steig hoch über dem Schwansee durch den steilen Waldhang. Mühelos wandern wir in gleich bleibender Höhe zur Wegkreuzung im Bergsattel zwischen Alpsee und Schwanensee. Links führt der Fischersteig zum nahen Schwanensee hinab und ermöglicht für jene, die Schloss Hohenschwangau schon kennen, eine kürzere Alternativroute.
Wir gehen jedoch kurz geradeaus, halten uns nach wenigen Metern links und ersteigen auf schmalem Weg den Hügel, auf dessen Gipfel die Grundmauern der mittelalterlichen Burg Frauenstein liegen. Jenseits führt uns der Weg in Serpentinen bergab und bringt uns zu einem Teersträßchen, dem wir links zum nahen Schloss Hohenschwangau folgen. Durch das Tor wandern wir hinauf zum Schlosshof.

Zur Badestelle am Schwansee
Nach einem Rundgang durch die südseitigen Gartenanlagen mit anschließender Schlossbesichtigung kehren wir zum Schlosshof zurück. Dort beginnt an einem Tor ein Treppenweg, der in östlicher Richtung bergab verläuft. Unterhalb des Schlossgeländes biegen wir links in einen Weg, der uns durch Wald zum großen Parkplatz in Hohenschwangau hinabführt. Dort gehen wir vom Postamt an der Straße entlang nach links.
Die Straße biegt bald nach rechts ab und wir wandern geradewegs auf einem breiten Weg

Im Schossgarten von Hohenschwangau plätschert der malerische Löwenbrunnen.

Über der Altstadt von Füssen wacht seit dem Mittelalter das »Hohe Schloss«.

am Bach entlang, der am Fuß des felsigen Schlossbergs entlangplätschert. Kurz vor dem Schwansee treffen wir auf den Rundweg, dem

EINKEHR IN FÜSSEN

In der bezaubernden Altstadt von Füssen locken zahlreiche traditionelle Gasthöfe zur Einkehr. Empfohlen seien unter anderen der »Gasthof Woaze« (Tel. 08362/63 12) mit seinem herrlichen Biergarten im Hinterhof, das Hotel »Zum Hechten« (Tel. 08362/916 00) mit leckeren abwechslungsreichen Fischgerichten und das Gasthaus »Zum Schwanen« (Tel. 08362/61 74) mit bodenständiger Allgäuer Küche.

wir links über den Bach folgen. An der folgenden Wegkreuzung halten wir uns rechts und wandern am Ufer des Schwansees entlang, bis wir am Ende einer im Frühjahr mit bunten Blumen bewachsenen Moorwiese auf eine Sandstraße stoßen. Wir folgen ihr kurz nach rechts und finden dort links die Fortsetzung unseres Weges. Zuvor gehen wir jedoch noch die wenigen Meter zum Ufer des malerischen Schwansees, auf dessen grüner Wasserfläche sich Schloss Neuschwanstein spiegelt. An warmen Sommertagen kann man hier in den klaren Fluten ein herrlich erfrischendes Bad nehmen, ehe man über den Kalvarienberg nach Füssen zurückwandert.

Über den Kalvarienberg nach Füssen Von der Badestelle am Schwansee gehen wir auf der Straße wieder kurz zurück und biegen dann in den Wanderweg ein, der zum Kalvarienberg ausgeschildert ist. Er führt uns in weit ausladenden Kehren durch den Südhang des Kienberges aufwärts. Unter einer Felswand schwenkt er nach links und quert den Hang nach Westen. An der Stelle, an der der breite Weg flach wird, wechseln wir rechts auf einen Steig, der uns zu einer Wegkreuzung auf dem Bergkamm bringt. Wir gehen auf dem schönen Waldsteiglein links hinauf und halten uns an der Weggabelung kurz vor dem höchsten Punkt rechts. Schnell sind wir oben auf dem Kalvarienberg (953 m). In den übereinander gebauten Kapellen ist eine Darstellung von Jerusalem zu bewundern und vom modernen Kruzifix auf dem Gipfel genießen wir den herrlichen Blick auf Berge, Seen, Schlösser und die Stadt Füssen.

Vom Gipfel steigen wir jenseits auf einem angenehmen Weg den Kreuzwegstationen folgend ab. Angelegt wurde der Kreuzweg zwischen 1837 und 1842 auf Veranlassung des damaligen Füssener Stadtpfarrers. Am Rand der Hirschwiese, unterhalb der neugotischen Marienkapelle und einer modernen Christusgruppe, überqueren wir geradewegs die Forststraße und gehen auf schmalem Weg auf die unter uns liegende Altstadt von Füssen zu. An der Kreuzung neben einer kleinen Kapelle halten wir uns links und erreichen kurz darauf

neben der Kirche »Zu unserer Lieben Frau am Berg« die B 17. An ihr entlang gehen wir nach rechts und erreichen danach über die Lechbrücke die nahe Altstadt von Füssen, die uns viele Möglichkeiten für eine verdiente Einkehr bietet.

Die malerische Altstadt von Füssen lädt zum Bummeln und zur Einkehr ein.

2000 JAHRE FÜSSEN

Wo der Lech das Hochgebirge verlässt, liegt die altehrwürdige Stadt Füssen. 46 n. Chr. erbauten die Römer die Via Claudia Augusta, die von Italien aus über den Reschen- und Fernpass und weiter am Lech entlang zur Donau führte. An dieser Straße wurde am Ausgang aus den Alpen eine Siedlung erbaut und im 3. Jahrhundert wurde auf dem Schlossberg eine Befestigung errichtet. Der Name der hier stationierten römischen Garnison, Foetibus, klingt noch im heutigen Stadtnamen nach. Im 8. Jahrhundert gründete hier der Mönch Magnus, bekannt als Schwabenheiliger St. Mang, eine Mönchszelle, von der aus er das Allgäu christianisierte. Aus der Einsiedelei entstand im 9. Jahrhundert das bedeutende Kloster, um das das 1267 zur Stadt erhobene Füssen wuchs. Es wurde im Mittelalter ein wichtiger Handelsplatz an der Reichsstraße, die dem Verlauf der alten Römerstraße folgte. Berühmt war Füssen vom 16. bis in das 18. Jahrhundert als Zentrum der europäischen Lautenmacherei.

In der Altstadt von Füssen sind noch Bürgerhäuser aus dem 15. und 16. Jahrhundert und Reste der um 1500 erbauten Stadtmauer zu bewundern. Über der Stadt thront das Hohe Schloss, das um 1500 aus einer mittelalterlichen Burg entstand. Rund um einen weiten Innenhof gruppieren sich die Gebäude mit dem Rittersaal, der von einer geschnitzten spätgotischen Kassettendecke überspannt wird, dem barocken Fürstenflügel, der im 17. Jahrhundert entstandenen Schlosskapelle und dem Nordflügel, in dem eine Sammlung spätgotischer Kunstwerke gezeigt wird.

Keimzelle von Füssen ist das am Lech gelegene Kloster St. Mang. Die barocke Klosterkirche wurde auf den Grundmauern einer Vorgängerkirche erbaut. In der Magnuskapelle werden die Reliquien des heiligen Magnus aufbewahrt. Beeindruckendster Teil ist jedoch die im 9. Jahrhundert erbaute Magnuskrypta mit Fresken aus dem 9. und 10. Jahrhundert. Die um 1700 erbaute Klosteranlage besticht durch den herrlichen barocken Festsaal und die mit einem großen Deckenfresko verzierte Bibliothek. Im ehemaligen Kloster ist heute das sehenswerte Museum der Stadt Füssen untergebracht.

Im Stadtgebiet findet man mit der Franziskanerkirche, der Krippenkirche St. Nikolaus, der Spitalkirche und der Frauenkirche am Berg weitere sehenswerte barocke Gotteshäuser.

9 Rund um den Hopfensee
Blaues Juwel am Fuß der Alpen

2 Std.   7,5 km   je 100 m

WEGVERLAUF
Hopfen am See – Gasthof Wiesbauer – Burgplatz – Hopfen am See

CHARAKTER
Auf breiten, viel begangenen Wegen ohne Anstrengung rund um den Hopfensee. Zum Abschluss ein steiler, jedoch kurzer Anstieg auf den Burgberg, von dem man einen herrlichen Blick über den See zum Alpenbogen hat.

AUSGANGS- UND ENDPUNKT
Die Uferpromenade in Hopfen am See.

ANFAHRT
Mit dem Pkw aus verschiedenen Richtungen zum am Nordufer des Hopfensees gelegenen Hopfen am See. Parkmöglichkeit entlang der Uferstraße oder bei Überlastung westlich außerhalb des Ortes. Bushaltestelle der Linie von Füssen nach Pfronten.

GEHZEITEN
Hopfen am See – Gasthof Wiesbauer 0.45 Std. – Hopfen am See 1.15 Std.

BESTE JAHRESZEIT
Am schönsten ist die Tour, die an Wochenenden sehr überlaufen ist, außerhalb der Saison an klaren Herbsttagen. An heißen Sommertagen bietet der See ein erfrischendes Badevergnügen.

KARTE
Topografische Karte 1:50 000 des Bayer. Landesvermessungsamtes, Blatt Füssen.

EINKEHR
Im Gasthof Wiesbauer oder in Hopfen am See.

INFORMATION
Kur- und Verkehrsverein Hopfen am See, Uferstr. 21, 87629 Füssen/Hopfen am See, Tel. 08362/74 58, Fax 08362/399 78, E-Mail: info@fuessen-hopfensee.de, www.fuessen-hopfensee.de

Kinder finden am Ufer des Hopfensees zahlreiche interessante Spielmöglichkeiten.

Nördlich von Füssen schmiegt sich der Hopfensee in die malerische Wiesenlandschaft des Alpenvorlandes. Rund um den See, von dessen Ufer man herrliche Blicke auf die Alpen genießt, führt eine beliebte und gut ausgeschilderte Wanderung. Ein Abstecher zu den Resten der mittelalterlichen Burg auf dem Burgberg, von dem sich ein herrlicher Blick über den See bietet, krönt diese einfache Rundtour.

Zum Gasthof Wiesbauer Von der Uferstraße in Hopfen am See gehen wir über einen der Zugangswege zur nahen Uferpromenade hinab. Wir halten uns links und schlendern am See entlang zum Campingplatz im Ortsteil Fischerbichl. Hier wechseln wir auf einen breiten Kiesweg, der uns an schönen Badeplätzen vorbei nach Süden führt. Kurz bevor wir eine Birkenallee erreichen, biegen wir rechts in einen Wanderweg ein, der über die Ach führt. Nun geht es durch sumpfiges Waldgelände und an ausge-

dehnten Schilfbeständen entlang nach Süd-osten, bis wir auf eine schmale Teerstraße treffen. Wir folgen ihr nach rechts bis zur nächsten Kreuzung. Wer im Gasthof Wies-bauer einkehren will, hält sich links und kann über den Parkplatz zum nahen Gasthof hi-naufwandern, der auf einem aussichtsreichen Wiesenhügel über dem See liegt.

Am See entlang zum Burgberg Wir wech-seln jedoch geradewegs auf eine Schotter-straße und folgen ihr über die Wiesen, bis der Rundweg nach rechts abknickt. Auf ihm zu ei-ner nahen Wegkreuzung, an der man gerade-aus nach wenigen Schritten einen herrlichen Rast- und Badeplatz erreicht. Der Rundweg biegt an dieser Stelle aber nach links ab und folgt dem Westufer des Hopfensee nach Nor-den. Bald geht es im Zick-Zack durch Schilf-land und Sumpfwiesen, bis wir nach einem Minigolfplatz am westlichen Ortsrand von Hopfen am See die Hauptstraße erreichen. Wer den Burgberg nicht ersteigen will, der kann von hier auf dem Fußweg an der Bade-anstalt vorbei zur nahen Strandpromenade von Hopfen am See zurückwandern.
Wie überqueren jedoch die Hauptstraße und folgen ihr ein kurzes Stück nach rechts, bis wir links in eine zu einem Parkplatz ausgeschil-derte Nebenstraße einbiegen können. Auf ihr kurz aufwärts und dann geradewegs über den Parkplatz zu einer Schotterstraße, die ne-ben einem Haus aufwärtsführt. An der nächs-ten Weggabelung wandern wir weiter ge-radeaus aufwärts und biegen bald rechts auf eine Forststraße ab, die ein kurzes Stück steil durch den Wald bergan führt. Das Gelände wird flacher und ohne weitere Mühe errei-chen wir einen Sattel, neben dem die Grund-mauern der alten Burg aufragen. Rechts führt ein kurzer Abstecher zur Burgruine (898 m) mit den Grundmauern des mächtigen Turms, von denen aus man einen wundervollen Blick über den Hopfensee zu den markanten Berg-gestalten des östlichen Allgäus hat.

Kurzer Abstieg zum Hopfensee Unser Ab-stiegsweg führt vom Sattel neben der Burg auf einem schmalen Pfad durch den Wald nach Süden hinab. Der Weg wendet sich bald nach links und quert den bewaldeten Steil-hang, bis er abwärts zu den ersten Häusern von Hopfen am See führt. An dieser Stelle

wechseln wir geradeaus auf eine Teerstraße, die uns zur Uferstraße in Hopfen am See hinabführt.

FISCHE SATT IN DER FISCHERHÜTTE

Besonders schön einkehren lässt sich in Hopfen am See in der Fischerhütte (Tel. 08362/91 97 09), die ihre Gäste vor allem mit internationalen Fischgerichten verwöhnt. Das Restaurant liegt als einziges auf der Seeseite der Ortsstraße und bietet von seiner Terrasse einen herrlichen Ausblick zu den Bergen.

10 Alatsee, Weißensee und Ruine Falkenstein
Seen und Berge zwischen Füssen und Pfronten

3.30 Std. 10 km je 550 m

WEGVERLAUF

Alatsee – Weißensee – Roßmoos – Ruine Falkenstein – Alatsee

CHARAKTER

Auf Wirtschaftswegen und schmalen Steigen über den aussichtsreichen Bergkamm, der das Ostallgäu vom österreichischen Vilstal trennt. Sowohl der kühle und geheimnisvolle Alatsee als auch der heitere Weißensee bieten herrliche Bademöglichkeiten. Zusätzlich ist ein einfacher und kurzer Abstecher zu der auf steilem Felsen aufragenden Burgruine Falkenstein empfehlenswert.

AUSGANGS- UND ENDPUNKT

Der Parkplatz am Alatsee. Bei Anfahrt mit dem Bus startet man am besten im westlich des Weißensees an der B 310 gelegenen Dorf Roßmoos und wählt als Zielort das direkt am Weißensee gelegene Oberkirch.

ANFAHRT

Mit dem Pkw auf der B 310, die Füssen mit Pfronten verbindet, bis zum Ostufer des Weißensees und von dort auf schmaler, ausgeschilderter Straße aufwärts zum Parkplatz am Alatsee. Mit dem Bus von Füssen, Pfronten oder Nesselwang bis zur Haltestelle Roßmoos an der B 310 und wenige Meter aufwärts zur Brücke, die die Bundesstraße überspannt und über die die beschriebene Tour verläuft. Für die Rückfahrt kann man schon in Oberkirch den Bus nehmen.

GEHZEITEN

Alatsee – Weißensee 0.15 Std. – Burgruine Falkenstein 2 Std. – Alatsee 1.15 Std.

BESTE JAHRESZEIT

Frühsommer bis Spätherbst

KARTE

Topografische Karte 1:50 000 des Bayer. Landesvermessungsamtes, Blatt Füssen.

EINKEHR

Am Alatsee, in der Ruine Falkenstein und in der Salober-Alm oberhalb des Alatsees.

INFORMATION

Füssen Tourismus, Kaiser-Maximilian-Platz 1, 87629 Füssen, Tel. 08362/938 50, Fax 08362/93 85 20, E-Mail: tourismus@fuessen.de, www.stadt-fuessen.de

In einer von dunklen Wäldern eingerahmten Mulde liegt der geheimnisvolle Alatsee.

Zwischen Füssen und Pfronten streckt sich der lang gezogene Zirmgrat, der herrliche Blicke über das österreichische Vilstal zur Nordseite der wilden Tannheimer Berge bietet. An seinem Westende trägt der Bergkamm mit der Ruine Falkenstein die Reste der einstmals höchstgelegenen Burg Deutschlands. Am Nordfuß des Zirmgrates liegt der freundliche Weißensee, der im Sommer einer der beliebtesten Badeplätze im Füssener Umland ist. Und oben auf dem Gratrücken versteckt sich in einer von steilen Waldhängen eingefassten Mulde der Alatsee. Der malerische Bergsee, in dem man bedenkenlos baden kann, birgt einige Geheimnisse. Sein schwefelhaltiges, durch Algen rot gefärbtes Tiefenwasser ist giftig. Deshalb ist Tauchen im See lebensgefährlich und grundsätzlich verboten. Während des Zweiten Weltkrieges war der See militärisches Sperrgebiet, in dem wohl geheime Waffen getestet wurden. Noch in der Nachkriegs-

zeit war der Zugang zum See lange Zeit gesperrt. Die Schätze, die auf seinem lebensfeindlichen Grund vermutet werden, blieben bis heute unauffindbar.

Hinab zum nahen Weißensee Vom Alatsee gehen wir auf der Zufahrtsstraße zurück und biegen am Ende der Parkzone links in einen Forstweg ein. Nach kurzer Strecke wechseln wir rechts auf einen beschaulichen Waldweg, der bald oberhalb des Weißensees durch den steilen Waldhang quert. Ein steiniges Weglein ermöglicht bald einen vorzeitigen Abstieg zum Seeuferweg. Wir folgen jedoch weiter dem schmalen Hangsteig, der uns oberhalb steil abfallender Wände zur »Magnusruh« bringt. An dieser Stelle soll sich im 8. Jahrhundert der aus St. Gallen kommende Heilige Magnus, besser bekannt als der Allgäuer Missionar St. Mang, auf seinem Weg nach Füssen ausgeruht haben. Anschließend geht es auch für uns hinab zum Ufer des Weißensees, dem wir auf breitem Weg nach links folgen.
Vorbei an schönen Badeplätzen erreichen wir vor Oberkirch eine Weggabelung. Wer seine Tour an der Bushaltestelle in Roßmoos begonnen hatte, der kann hier rechts am See entlang zur Haltestelle im nahen Oberkirch gelangen.

Der lange Weg zur Ruine Falkenstein Wir halten uns jedoch links und wandern über den geteerten Wanderweg hinauf zu einem Parkplatz an der B 310. Wir überqueren die Bundesstraße und folgen der »Oberkircher Straße«. Nach einem Linksknick wandern wir durch Vorderegg aufwärts, bis wir in ebenem Weideland eine Straßenkreuzung erreichen. Hier biegen wir nach links, überqueren eine nahe Vorfahrtsstraße und wandern auf einer Brücke über die Bundesstraße nach Roßmoos. Vor und nach der Brücke führen von den nahen Haltestellen, an denen man bei Anreise mit dem Bus startet, Fußwege zu unserer Wanderroute herauf.
Nach der Brücke halten wir uns rechts und gehen durch das Dorf aufwärts zu einer Kreuzung. Hier nach links und abzweigende Wege ignorierend zum Ortsrand hinauf. Wir folgen nun einem geteerten Weg durch die Wiesen aufwärts bis zu einem Kiesweg. Hier gehen wir links und steigen bald geradewegs aufwärts durch den Wald zu einer Weggabelung. Wer nicht zur Burgruine Falkenstein will und den Weg zurück zum Alatsee deutlich verkürzen möchte, der kann hier geradewegs durch die Waldhänge aufwärtswandern und erreicht erst kurz vor der Salober-Alm den Weg über den Zirmgrat.
Wir biegen jedoch rechts auf einen Forstweg, der teils steil aufwärtsführt. Wenig oberhalb einer scharfen Linkskurve wechseln wir rechts auf einen Weg, auf dem wir die geteerte Zufahrtsstraße zur Burggaststätte Falkenstein erreichen. Auf ihr wandern wir bergan bis zu dem Sattel, der den Falkenstein vom Zirmgrat

An heißen Sommertagen lockt der Weißensee zu einer erfrischenden Badepause.

DIE BURGRUINE FALKENSTEIN

Ab dem 11. Jahrhundert wurde Burg Falkenstein in einer Höhe von 1268 Metern auf einem steilen Felsen westlich von Pfronten als höchstgelegene Burg Deutschlands erbaut. Von der Burg aus ließ der Augsburger Bischof die wichtige Fernhandelsstraße durch das Vilstal bewachen. Im 15. Jahrhundert hausten auf Falkenstein Raubritter, bis reiche Kaufleute die Burg von Landsknechten niederbrennen ließen. Falkenstein wurde bald wieder aufgebaut, doch nach einem Brand im Jahre 1646 während des Dreißigjährigen Krieges wurde die Burg endgültig aufgegeben. Über 200 Jahre schlummerte die Ruine vor sich hin, bis sie der bayerische König Ludwig II. entdeckte und im Jahre 1884 erwarb. Fasziniert von der herrlichen Lage wollte er hier ein Märchenschloss erbauen lassen, das Schloss Neuschwanstein an Größe und Reichtum übertreffen sollte. Schon ließ der König mit den Vorarbeiten für den Bau beginnen und einen breiten Weg anlegen, über den er sich in hellen Vollmondnächten zur romantischen Burgruine kutschieren ließ. Doch 1886 wurden nach der Absetzung und dem Tod von Ludwig II. die Arbeiten eingestellt. So krönt bis heute nur der Palas, der als einziges Bauwerk von der mittelalterlichen Burg erhalten blieb, den Gipfel des steilen Felsberges.

trennt. Hier biegen wir nach dem Abstecher zur Burgruine Falkenstein in den schmalen Zirmgratweg ab. Zuvor folgen wir jedoch weiter der Teerstraße, die sich in Serpentinen zur Burggaststätte hinaufwindet. Bevor wir dort eine verdiente Rast einlegen, steigen wir zur nahen Burgruine hinauf, die einen herrlichen Aussichtsplatz hoch über Pfronten bietet. Stundenlang könnte man sich an die von der Sonne aufgewärmte Mauer des mittelalterlichen Palas lehnen und den Blick hinab ins Vilstal und hinüber zum steilen Felshorn des Aggensteins genießen. Doch bald treibt uns der Durst hinab zur gemütlichen Burggaststätte.

Über den Zirmgrat zurück zum Alatsee Wir wandern von der Burggaststätte auf der Zufahrtsstraße wieder bis zum Bergsattel hinab, an dem wir rechts in den schmalen, zum Alatsee und Zirmgrat ausgeschilderten Steig einbiegen. Nur zu Beginn müssen wir uns steil bergauf mühen. Bald quert der Weg durch die Nordflanke des Einerkopfes bis vor den Sattel, der Zwölfer und Einer voneinander trennt. Nach wenigen Metern Anstieg erreichen wir diese aussichtsreiche Scharte, von der man rechts aufwärts den Einerkopf ersteigen kann. Der Zirmgratweg quert jedoch geradewegs ohne große Anstiege die Nordflanke des Zwölferkopfes, bis wir die Gratschneide erreichen. Auch hier besteht wieder die Möglichkeit, einer Wegspur nach rechts zu folgen und nun den Zwölferkopf zu besteigen. Der Hauptweg folgt jedoch dem breiten, aussichtsreichen Bergkamm nach Osten und führt uns auf den wenig ausgeprägten höchsten Punkt des Zirmgrates (1293 m).

An dieser Stelle beginnt der Abstieg durch den teils dichten Wald, der uns bald rechts des Kammes auf österreichischer Seite zu einer Wegkreuzung hinableitet. Hier kommt von links die kürzere Wegvariante von Roßmoos herauf. Geradeaus folgt der rot markierte Hauptweg im Auf und Ab dem Kamm. Schöner und einfacher zu begehen ist jedoch der Weg zur Salober Alm. Dazu durchqueren wir an der Wegkreuzung den Zaun, der links bleibt. Ohne große Mühe führt uns das Weglein teils über aussichtsreiche Almflächen zur bewirtschafteten Salober-Alm. Wir folgen von der Alm der breiten Kiesstraße nach links und bald schon geht der Blick

hinab zur Wasserfläche des Alatsees. Auf einem als »Friedrichsweg« ausgeschilderten Steig lässt sich eine Kehre der Schotterstraße abkürzen, ehe sie uns bis an das Seeufer hinabführt. Wir wenden uns nach links und erreichen nach kurzer Strecke die Parkplätze an der Zufahrtsstraße zum Alatsee. Ganz in der Nähe liegen am Nordufer des Sees die besten, am meisten von der Sonne verwöhnten Badeplätze. Vor den giftigen roten Algen muss man keine Angst haben, denn ihr Lebensraum ist nur in der Tiefe des Sees. Doch ein wenig abgehärtet sollte man schon sein, denn so richtig warm wird das Wasser des Alatsees auch im Sommer nicht.

BURGHOTEL FALKENSTEIN UND SALOBER-ALM

Das »Burghotel Falkenstein« (Tel. 08363/914 35 40) ist eine der feinsten Adressen rund um Pfronten. Auf der Aussichtsterrasse sind aber auch verschwitzte Wanderer willkommen.
Auf der Salober-Alm (Tel. +43/(0) 5677/87 88), die oberhalb des Alatsees schon auf österreichischem Gebiet steht, kann man sich am Ende der langen Tour mit deftigen Gerichten stärken.

11 Eisenberg und Hohen-Freyberg
Mächtige Burgruinen im Alpenvorland

2.30 Std.   8 km   je 270 m

WEGVERLAUF
Zell – Schweinegger Weiher – Lieben – Ruine Eisenberg – Ruine Hohen-Freyberg – Zell

CHARAKTER
Eine einfache Wanderung zu zwei mächtigen Burgruinen, von denen sich herrliche Ausblicke über das Ostallgäu bieten. Über weite Strecken geht der Weg in sanftem Auf und Ab durch die Landschaft am Fuß des Schlossberges, ehe der einzige etwas längere Anstieg zur Ruine Eisenberg führt. Die Schlossbergalpe bietet eine herrliche aussichtsreiche Einkehrmöglichkeit.

AUSGANGS- UND ENDPUNKT
Das Dörfchen Zell am Südfuß des Schlossberges.

ANFAHRT
Zell liegt an der Straße von Pfronten nach Eisenberg bzw. nach Seeg; gute Parkmöglichkeiten bietet der Wanderparkplatz 300 m nordwestlich des Dorfes an der Straße nach Schweinegg, der auch in der Wegbeschreibung erwähnt ist.

GEHZEITEN
Zell – Lieben 1.15 Std. – Ruine Eisenberg 0.45 Std. – Zell 0.30 Std.

BESTE JAHRESZEIT
Frühjahr bis Spätherbst

KARTE
Topografische Karte 1:50 000 des Bayer. Landesvermessungsamtes, Blatt Füssen.

EINKEHR
In Zell und in der Schlossbergalpe.

INFORMATION
Touristikbüro Eisenberg, Pröbstener Str. 9, 87637 Eisenberg, Tel. 08364/12 37, Fax 08364/98 71 54, E-Mail: touristik@eisenberg-allgaeu.de, www.eisenberg-allgaeu.de

Nördlich von Pfronten krönen beim Dörfchen Zell die Burgruinen von Eisenberg und Hohen-Freyberg die beiden benachbarten Gipfelkuppen des Schlossberges. Die mittelalterlichen Stammburgen eines einflussreichen Adelsgeschlechts, die im Dreißigjährigen Krieg zerstört wurden, sind in den letzten Jahren aufwändig saniert worden. So bieten die Ruinen heute wieder informative Einblicke in das mittelalterliche Leben. Unser Weg führt uns zuerst in einem weiten Bogen durch das Bauernland am Fuß des Schlossberges, das durch verstreute Weiher und blumenreiche Wiesen bezaubert. Abschluss und Krönung der Wanderung sind die wuchtigen Burganlagen, in denen Kinder sich als Ritter fühlen dürfen und die Erwachsenen die herrliche Aussicht über das Alpenvorland zu den Felszinnen der Alpen genießen können.

Am Westrand des Schlossberges zum Schweinegger Weiher Wer nicht am Wanderparkplatz nordwestlich von Zell geparkt hat, beginnt die Wanderung im Ortszentrum. Vorbei an der Kirche führt uns der Weg zum klei-

Im Weiler mit dem hübschen Namen Lieben beginnt der Anstieg zur Burgruine Eisenberg.

Von den Hängen des Schlossbergs schweift der Blick über die Landschaft bei Pfronten zum Alpenbogen.

nen Burgenmuseum von Zell, das normalerweise nachmittags an Sonn- und Feiertagen geöffnet ist. Dort werden Funde gezeigt, die bei den Grabungs- und Sanierungsarbeiten auf dem Schlossberg gemacht wurden. Das Durchgangssträßchen führt uns anschließend bald aus dem Ort auf die Wiesen und nach zirka 300 Metern liegt rechts der Straße ein Wanderparkplatz, der sich bei Anfahrt mit dem Auto bestens als Ausgangspunkt für die Wanderung eignet. Hier beginnt der geteerte Wanderweg, der uns durch die Wiesen zu einem aussichtsreichen Bergsattel hinaufbringt und über den auch unser Rückweg nach Zell verlaufen wird. Vom Sattel führt eine Wirtschaftsstraße rechts als kurze Alternativstrecke direkt zu den Burgruinen hinauf. Wir wollen jedoch zunächst die bezaubernde Landschaft am Fuß des Burgberges erkunden. Wir folgen dem Wegweiser nach Seeger Schweinegg und wandern auf breitem Weg abwärts in ein Wiesental. Dort überqueren wir links bleibend eine Wiese und erreichen einen Waldweg. Er führt uns durch ein Waldstück zu einer blumenreichen Wiese. Vor uns liegt nun inmitten feuchter Moorflächen der beschau-

DIE BURGRUINEN EISENBERG UND HOHEN-FREYBERG

Über dem Dörfchen Zell liegen auf dem aussichtsreichen Schlossberg die Ruinen der beiden Burgen Eisenberg und Hohen-Freyberg. Eisenberg ist die ältere der beiden Burgen, die über das Ostallgäuer Alpenvorland herrschen. Sie wurde im 12. Jahrhundert als Stammsitz der gleichnamigen Herrschaft erbaut und ging 1390 in den Besitz der Familie Freyberg über. Bedingt durch eine Erbteilung entstand Anfang des 15. Jahrhunderts auf dem Nachbarhügel die Burg Hohen-Freyberg. Vor allem Letztere wurde bis ins 17. Jahrhundert mehrmals ausgebaut und verstärkt. Im Jahre 1646 wurden während des Dreißigjährigen Krieges beide Burgen von ihren Besatzungen in Brand gesetzt, um den anrückenden Schweden keinen Stützpunkt zu überlassen. Seither waren die Ruinen, die erst in den letzten Jahren saniert wurden, dem Verfall preisgegeben.

Die zwei sich im Aufbau ähnelnden Burgen sind beide von einem äußeren Mauerring umschlossen, der die Hauptburg mit den Wohn- und Vorratsräumen vor direktem Beschuss schützten. Die Wasserversorgung gewährleistete jeweils eine Zisterne. Die im Kern gotische Burg Hohen-Freyberg und die romanische Burg Eisenberg zählen zu den am besten erhaltenen mittelalterlichen Wehrbauten im Allgäu.

liche Schweinegger Weiher, zu dem uns eine Wegspur hinabbringt. Auf der dunklen Wasserfläche des abgelegenen Moorweihers tummeln sich die Enten und metallisch glitzernde Libellen führen ihre Flugkunststücke vor.

Durch sanft gewelltes Bauernland nach Lieben

Die Wegspur führt vom Schweinegger Weiher über die bunten Wiesen zu einer einzeln stehenden Hütte, hinter der wir auf einen Wirtschaftsweg treffen. Wir folgen ihm links bis zur nächsten Wegkreuzung und von dort einem sanft ansteigenden Feldweg nach rechts in Richtung Seeger Schweinegg. Wir wandern durch ein wundervolles Landschaftspuzzle aus Hügelkuppen und sanft geschwungenen Tälern, aus bunten Wiesen und dunklen Wäldern auf einen schwach ausgeprägten Hügelkamm und steigen jenseits zu den Bauernhöfen von Seeger Schweinegg hinab.

Wir treffen hier auf eine schmale Teerstraße, auf der wir rechts durch eine Talmulde zum nahen Weiler Schwarzenbach wandern. Am Ortsende wechseln wir neben der kleinen Kapelle geradewegs auf einen nach Lieben ausgeschilderten Feldweg. Eindrucksvoll ragen die Ruinen von Eisenberg und Hohen-Frey-

berg jetzt über dem Wiesental auf, das wir durchwandern. An der Wegkreuzung auf einem niedrigen Hügelchen gehen wir geradeaus und steigen durch Wiesen, die uns einen überraschend weiten Blick über die Ammergauer Alpen bis hin zur schroff aufragenden Zugspitze gewährt, zum Weiler Lieben hinab. Wir folgen im Dörfchen den Schildern zu den Burgen Eisenberg und Hohen-Freyberg, wenden uns also an der ersten Kreuzung auf einer schmalen Teerstraße nach rechts und biegen nach 50 Metern erneut rechts in einen Wirtschaftsweg ein.

Der lang gezogene Aufstieg zur Ruine Eisenberg

Nach einem kurzen steileren Anstieg gehen wir an einer Weggabelung geradeaus über die Wiesen zum Waldrand. Dort leiten uns die Wegweiser zu den Burgruinen auf einen schmalen, rot-weiß markierten Steig, der durch den steilen Waldhang links haltend bergauf führt auf den Ostrücken des Drachenköpfles, wo er nach rechts abknickt. Der Weg führt uns nun am Rücken entlang aufwärts und erreicht nach einer kleinen Ebene einen breiteren Weg. Hält man sich hier scharf links, führt ein kurzer Abstecher zum Aussichtspunkt auf dem Drachenköpfle. Wir folgen jedoch dem breiten Weg kurz rechts abwärts und wechseln dann wieder auf einen schmaleren Steig, der uns zu einem Wiesensattel bringt. Nach einem Gatter wechseln wir auf den Feldweg, der uns geradewegs zur nahen Schlossbergalm führt. Die längste Wegstrecke und ein Großteil des Anstieges auf dieser Wanderung liegen jetzt hinter uns. Guten Gewissens können wir also eine ausgiebige Rast auf der Schlossbergalpe genießen, während der wir nicht nur mit einer zünftigen Brotzeit verwöhnt werden, sondern auch mit einer berauschenden Aussicht über das Ostallgäu, die ihresgleichen sucht.

Nach der Einkehr folgen wir von der Schlossbergalpe dem Teerweg kurz aufwärts und biegen vor einem Gatter links auf den zu den Burgruinen ausgeschilderten Wanderweg ein. Auf breitem Weg geht es durch den Wald aufwärts zu einer Wegkreuzung, die auf dem Bergkamm zwischen den beiden Burgruinen liegt. Wir wenden uns zuerst nach links und steigen zur älteren der beiden Burgruinen, zur 1055 Meter hoch gelegenen Ruine Eisenberg hinauf. Auf einem Rundgang erkunden wir

die sanierten Mauern und Gewölbe der Burg. Schautafeln erläutern die Funktionen der verschiedenen Gebäudeteile und nachdem das Informationsbedürfnis gestillt ist, genießen wir die Aussicht über das Ostallgäu und den Nahblick auf die imposanten Mauern der Nachbarburg Hohen-Freyberg.

Vorbei an der Burgruine Hohen-Freyberg zurück nach Zell Von der Burgruine Eisenberg wandern wir auf dem Anstiegsweg zurück zur Wegkreuzung auf dem Bergrücken und geradeaus weiter in den nahen Wiesensattel, in dem unser Abstieg nach Zell beginnt. Zuvor wandern wir aber natürlich noch geradeaus zur herrlichen Burganlage Hohen-Freyberg (1041 m) hinauf, die wir nach kurzer Strecke erreichen. Auch sie wurde in den letzten Jahren aufwändig saniert, die bröckelnden Mauern wurden von Bewuchs befreit und mit frischem Mörtel gefestigt. So lässt sich auch hier wie in der nahen Schwesterburg der Hauch der Geschichte verspüren.

Von Hohen-Freyberg steigen wir anschließend wieder in den nahen Wiesensattel hinab und finden dort rechts ein schmales, nach Zell ausgeschildertes Weglein. Es führt uns am linken Rand einer Wiese und dann durch Wald zu einer Wegkreuzung hinab. Wir halten uns rechts und wandern auf einer Wirtschaftsstraße, von der wir einen letzten Blick auf Ruine Hohen-Freyberg werfen können, am Rand der Wiesen abwärts. Wir erreichen bald an einer Kreuzung in einem Sattel den vom Hinweg bekannten Weg und steigen auf ihm links zum Wanderparkplatz hinab. Wer nicht dort sein Fahrzeug geparkt hat, wandert links auf der Straße ins nahe Dörfchen Zell zurück.

Von der Burgruine Eisenstein geht der Blick hinüber zur benachbarten Burgruine Hohen-Freyberg.

LECKERES AUS SCHLOSS UND FASS

Einkehren mit Aussicht lässt sich unterhalb von Burg Eisenstein in der herrlich gelegenen »Schlossbergalm« (Tel. 08363/17 48). Wer etwas ganz Besonderes sucht, der sollte unbedingt einen Abstecher in den Eisenberger Ortsteil Speiden machen. Dort steht neben der berühmten Wallfahrtskirche Maria Hilf das Sudhaus der Privatbrauerei Kössel. In der urigen Wirtschaft (Tel. 08364/85 56) fühlt man sich in vergangene Zeiten zurückversetzt. Neben dem deftigen und guten 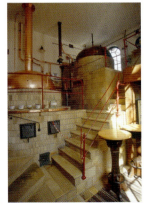 Essen locken hier natürlich vor allem die Bierspezialitäten aus eigener Herstellung.

12 Der Wasserfallweg über Nesselwang
Wasserfall, Burgruine und Wallfahrtskirche

2 Std.   4 km   je 220 m

WEGVERLAUF
Parkplatz Alpspitzbahn – Nesselburg – Maria Trost – Parkplatz Alpspitzbahn

CHARAKTER
Großteils auf schmalen, aber guten Wanderwegen durch die Schlucht zur Wallfahrtskirche und entlang einem Kreuzweg wieder hinab zum Ausgangspunkt. Nur der steile Treppenweg, der neben dem großen Wasserfall bergan führt, verlangt gesteigerte Mühe und Aufmerksamkeit. Für Kinder lockt zum Abschluss der Tour noch eine Fahrt auf der Sommerrodelbahn an den Alpspitzbahnen.

AUSGANGS- UND ENDPUNKT
Der Parkplatz an der Talstation der Alpspitzbahnen am Ortsrand von Nesselwang.

ANFAHRT
Auf der B 309 durch Nesselwang und nahe der Kirche der Beschilderung folgend südlich durch den Ort aufwärts zum Parkplatz an der Talstation der Alpspitzbahnen. Nesselwang besitzt eine Bahnstation und ist mit dem Bus aus verschiedenen Richtungen gut zu erreichen. Vom Ortszentrum wandert man in wenigen Minuten zur Talstation der Alpspitzbahnen hinauf. Seilbahninfo Tel. 08361/771

GEHZEITEN
Parkplatz Alpspitzbahnen – Maria Trost 1.15 Std. – Parkplatz Alpspitzbahnen 0.45 Std.

BESTE JAHRESZEIT
Frühsommer bis Spätherbst

KARTE
Topografische Karte 1:50 000 des Bayer. Landesvermessungsamtes, Blatt Füssen.

EINKEHR
Am Ausgangspunkt an den Alpspitzbahnen.

INFORMATION
Tourist-Information Nesselwang, Lindenstr. 16, 87484 Nesselwang, Tel. 08361/92 30 40, Fax 08361/92 30 44, E-Mail: info@nesselwang.de, www.nesselwang-urlaub.de

In zahlreichen Kaskaden plätschert unterhalb der Nesselburg das Schlossbächle zu Tale.

Nesselwang wuchs schon im frühen Mittelalter rund um eine wohl seit dem 8. Jahrhundert bestehende Urkirche, die der Legende nach der hl. Magnus erbaut haben soll. Ein wichtiger Handelsweg lief hier seit alters her am Fuß der Alpen Richtung Bodensee. Seit dem 13. Jahrhundert wachte die kleine Nesselburg, an der unser Aufstiegsweg vorbeiführt, über den Marktflecken Nesselwang und die Handelsroute. Im 17. Jahrhundert ließ sich ein Adliger, der sich auf dem Rückweg vom Schweizer Wallfahrtsort Maria Einsiedeln in seine Salzburger Heimat befand, in den Waldhängen über Nesselwang nieder. Er begründete eine Einsiedelei, aus der schon bald die beliebte Wallfahrtskirche Maria Trost entstand. Der Kreuzweg, der von Nesselwang hinauf zum verehrten Marienbild führt, dient uns als malerischer Abstiegsweg. Heute ist Nesselwang vor allem als Urlaubs- und Luftkurort bekannt. Im höchstgelegenen Brauereiort Deutschlands kann man das Brauereimuseum besuchen. Hausberg von Nesselwang ist die im Süden aufragende und mit einer Seilbahn erschlossene Alpspitz, die gemeinsam mit dem nahen Gipfel des Edelsberges am Alpenrand aufragt. An den Alpspitzbahnen lockt eine Sommerrodelbahn

große und kleine Abenteurer und ein ausgedehntes Wanderwegnetz erschließt die Täler und das Bergland. Hier liegt auch der Ausgangspunkt zu unserer kurzen, abwechslungsreichen Tour, die uns an einem malerischen Wasserfall vorbei durch die schattigen Nordhänge der Alpspitz führt.

Durch das Wasserfalltal Wir beginnen die Wanderung am oberen, östlichen Ende der Parkplätze an der Talstation der Alpspitzbahnen nahe dem Gasthof Sonnbichl. Hier finden wir einen breiten Alleeweg, der uns über die Wiesen zum Fuß der bewaldeten Hänge der Alpspitz führt. Die so genannte Wasserfallbrücke hilft uns über den Bach zu einer Weggabelung, an der wir uns rechts halten. Eine große Hinweistafel erläutert hier Einzelheiten zu der höher gelegenen Nesselburg, der wir einen Besuch abstatten werden. Vorerst folgen wir jedoch dem Bach, der bizarre Gesteinsschichten aus dem Untergrund modelliert hat, nach rechts.

Der gute Weg folgt dem harmlos durch den Wald plätschernden Bach, bis sich ganz unvermittelt vor uns ein steiler Kessel auftut. In mehreren Stufen rauscht der Bach im Hintergrund als eindrucksvoller Wasserfall über die Felswände. Den Steilhang rechts des Wasserfalls können wir mit Hilfe eines aufwändig angelegten hölzernen Treppenweges überwinden, der uns zur oberen Absturzkante führt

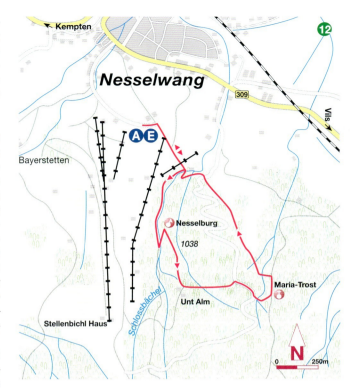

und uns einen eindrucksvollen Tiefblick über die Kaskaden hinab öffnet. Ein Holzsteg hilft uns nun über den Bach und auf schmalem Steig und weiteren Stegen steigen wir durch die enge Felsschlucht, vorbei an grün schimmernden Gumpen, bergan. Der Weg wird

Ein Treppenweg leitet neben dem imposanten Wasserfall durch die steilen Schluchthänge.

*Hoch über Nessel-
wang entstand aus
einer einfachen
Einsiedelei die
Wallfahrtskirche
Maria Trost.*

bald fast flach und führt uns am munter plätschernden Bach entlang zu einer Wegkreuzung.

Ritterburg und Wallfahrtskirche Wir wählen den linken Steig, der uns am Rand der
Schlucht, durch die wir gerade gewandert
sind, in gleich bleibender Höhe zu einer weiteren Wegkreuzung bringt. Geht man auf
dem schmalen Steig geradeaus, kann man direkt zum Ausgangspunkt zurückwandern. Wir
folgen jedoch dem Weglein, das rechts durch
den Wald bergan führt. Nach kurzer Strecke
zweigt rechts ein schmaler Steig zu den Resten der Nesselburg ab, die auf einem nahen
Hügel aufragen. Leider ist zur Zeit keine Erkundung der kleinen Burganlage möglich,
deren Reste gesichert werden sollen.
Trotzdem gewinnt man einen guten Eindruck
des abgelegenen und feuchten, von zwei
Bachtälern eingefassten Standortes, der wohl
für die mittelalterliche Besatzung so manche
Beschwernisse bereithielt. 170 Höhenmeter
über Nesselwang in steilem Gelände gelegen,
war die Ende des 13. Jahrhunderts von den
Herren von Rettenberg erbaute Burg nur
schwer zu versorgen. Im Winter muss das
Leben an dem feuchten, von Bachläufen
zerfurchten Nordhang alles andere als angenehm gewesen sein. Links lag das Burgtor,
das auf den winzigen Burghof führte, der nur

von zwei kleinen Wohngebäuden umgeben
war. Eine Besonderheit stellt die in dieser Gegend unübliche Schildmauer dar, die noch
mehrere Meter hoch aufragt. Diese extra stark
ausgeführte Mauer schützte wie ein Schild
die empfindliche Bergseite der Burg vor An-
griffen. Nach einer wechselvollen Geschichte
wurde die Nesselburg 1525 in der Zeit der
Bauernkriege von Allgäuer Bauern nieder-

*Der üppige Barock-
altar von Maria Trost
bildet den Rahmen
für das verehrte
Gnadenbild.*

WALLFAHRTSKIRCHE MARIA TROST

Mitte des 17. Jahrhunderts unternahm der Salzburger Freiherr von Grimming mit einem verehrten Marienbild im Gepäck eine Wallfahrt nach Maria Einsiedeln in der Schweiz. Auf dem Rückweg war er von der Gegend bei Nesselwang so angetan, dass er sich hoch über dem Ort in einer Einsiedelei niederließ. Sie wurde bald zum Ziel einer beliebten Wallfahrt. Ab 1660 entstand rund um das Gnadenbild, das anfangs in einer Holzkapelle aufgestellt war, die barocke Kirche und das Klausnerhaus. Das Gotteshaus ist mit einem großen Deckenfresko aus dem 18. Jahrhundert, barocken Altären und zahlreichen Votivbildern geschmückt.

Im 19. Jahrhundert wurde der aufwendig gestaltete Kreuzweg von Nesselwang nach Maria Trost errichtet.

gebrannt. Nach dem Wiederaufbau gab man die kleine Burg nach einem Brand im Jahre 1595 endgültig auf. Seit einigen Jahren wird nun versucht, die abgelegene Burgruine zu sanieren.

Von der Burg geht es auf einem bewaldeten Rücken, der von tief eingeschnittenen Bachtälern flankiert wird, auf wurzeligem Weg steil bergan. Schon nach kurzer Zeit erreichen wir die sanften Wiesen der Unter Alpe, über die wir zur nahen Alphütte schlendern. Wir folgen dem breiten Alpweg nach links und wandern an einem erfrischenden Brunnen vorbei zu einer Wegkreuzung. Ein breiter Kiesweg leitet uns rechts aufwärts zu einer Querstraße, auf der wir links durch den Wald ohne weitere Mühen zur nahen Wallfahrtskirche Maria Trost (1122 m) hinüberwandern. Zahlreiche, von alten Bäumen beschattete Bänke laden an der barocken Kirche zu einer verdienten Rast ein.

Auf dem Kreuzweg zurück nach Nesselwang Direkt gegenüber der Eingangstür zum Vorraum der Wallfahrtskirche finden wir die Fortsetzung unseres Weges, der durch den Wald abwärtsführt. Wir halten uns nach kurzer Strecke links und wandern an kleineren und größeren Stationen des 1842 erbauten Kreuzweges vorbei auf dem Wallfahrerweg bergab. Die einzelnen Kreuzwegstationen liegen teils direkt am Weg, teils müssen wir kurze Abstecher unternehmen. Zwischen den beiden obersten Bildstöcken queren wir eine Wirtschaftstraße und der teils recht stei-

nige und steile Weg läuft bald rechts von einer nahen Forststraße abwärts. Ein zweites Mal müssen wir eine Kiesstraße überqueren und finden leicht rechts haltend einen Weg, der sich durch den steilen Waldhang nach links zu einem nahen Bachtal wendet. Nach einem Holzsteg halten wir uns rechts und treffen nach kurzer Strecke an der »Wasserfallbrücke« auf unseren Anstiegsweg. Wir gehen rechts über den breiten Bach und dann auf dem schon bekannten Weg, der bald von Alleebäumen beschattet wird, über die Wiesen bis zur Teerstraße, die uns links zum Parkplatz an der Talstation der Alpspitzbahnen zurückbringt.

ALLES RUND UMS BIER

An die alte Brauereitradition in Nesselwang erinnern neben einem Brauerei-Wanderweg noch zwei Brauerei-Gasthöfe. Vor allem der Brauerei-Gasthof »Hotel Post« (Tel. 08361/ 309 10) gegenüber der Kirche bietet ein abwechslungsreiches Programm rund um den Gerstensaft mit Bierproben, Bierseminaren, Bierbädern, ein Brauerei-Museum und Brauereibesichtigungen. Man kann aber auch einfach die ausge-

zeichnete Küche genießen und dazu eines der Biere aus eigener Herstellung trinken.

13 Auf das Wertacher Hörnle
Sanfter Wanderberg mit großer Aussicht

● ⏱ 3.15 Std. 🚶 9,5 km ⛰ je 650 m 🚌 ☺

WEGVERLAUF
Obergschwend – Buchel-Alpe – Hörnlesee – Wertacher Hörnle – Buchel-Alpe – Obergschwend

CHARAKTER
Eine stellenweise steile, jedoch großteils einfache Wanderung auf breiten Alpwegen und Bergsteigen. Nur oberhalb der Buchel-Alpe ist der Weg vorübergehend etwas steiniger. Der unbewaldete Gipfel des Wertacher Hörnles bietet weite Ausblicke und ein kurzer, problemloser Abstecher führt zum malerischen Hörnlesee.

AUSGANGS- UND ENDPUNKT
Der Wanderparkplatz am nördlichen Ortsrand von Obergschwend direkt neben der B 310.

ANFAHRT
Mit dem Auto von Oy-Mittelberg auf der B 310 vorbei an Unterjoch oder von Sonthofen über das Oberjoch bis zum direkt an der Bundesstraße gelegenen Parkplatz am Ortsrand von Obergschwend. In Obergschwend Haltestelle der Buslinie von Unterjoch über Oberjoch nach Hindelang und Sonthofen (Bahnanschluss).

GEHZEITEN
Obergschwend – Buchel-Alpe 0.45 Std. – Wertacher Hörnle 1.15 Std. – Buchel-Alpe 0.50 Std. – Obergschwend 0.25 Std.

BESTE JAHRESZEIT
Juni bis Oktober

KARTE
Topografische Karte 1:50 000 des Bayer. Landesvermessungsamtes, Blatt Allgäuer Alpen.

EINKEHR
Auf der Buchel-Alpe und in Obergschwend.

INFORMATION
Gästeinformation Bad Hindelang, Am Bauernmarkt 1, 87541 Bad Hindelang, Tel. 08324/89 20, Fax 08324/80 55, E-Mail: info@hindelang.net, www.bad-hindelang.info

Zwischen dem Grünten und dem Tal der Wertach erhebt sich ein Höhenzug, dessen höchster Gipfel das Wertacher Hörnle ist. Die West- und Nordflanken dieses sanften Gebirgsstockes werden von ausgedehnten Wäldern bedeckt, während sich an seiner südöstlichen Flanke die Alpweiden vom Wertachtal bis in Gipfelnähe hinaufziehen und einen sonnigen Anstiegsweg versprechen. In den sanft geschwungenen Hängen unterhalb des Hörnlegipfels hat ein kleiner Eiszeitgletscher einen malerischen Bergsee hinterlassen, zu dem uns ein kurzer Abstecher führt. Und die freien Süd- und Ostflanken bieten beeindruckende Blicke zu den nahen Hochgipfeln über dem Stillachtal und dem Tannheimer Tal.

Über Alpweiden zum Hörnlesee Am Parkplatz bei Obergschwend beginnt eine teils geteerte Alpstraße, die uns anfangs durch Wiesen und dann in weiten Serpentinen durch den Wald aufwärtsführt. Bald sind die Weiden an der Buchel-Alpe erreicht. Vor der bewirtschafteten Alphütte flattert eine Fahne im Wind und Tische locken zu einer Rast. Wir verschieben die Einkehr allerdings auf den Abstieg und wandern von der Alpe auf einem groben Wirtschaftsweg links aufwärts zu einer Weggabelung. Wir halten uns rechts und folgen nach wenigen Metern hinter einem Zaun dem roten Pfeil nach rechts. Den steilen Anstieg über die Alpweiden können wir immer wieder guten Gewissens unterbrechen, denn die mit zunehmender Höhe neu gewonnenen Ausblicke wollen gebührend bewundert werden. Durch Wald geht es anschließend zu einer kleinen Waldweide hinauf. Wir halten uns rechts, überqueren einen Wirtschaftsweg und erreichen nach wenigen Metern einen Wegweiser an einer breiten Alpstraße.

Sie führt uns links in gleich bleibender Höhe durch den Wald und über Alpwiesen zu einer Wegkreuzung. Wir wandern rechts auf teils geteertem

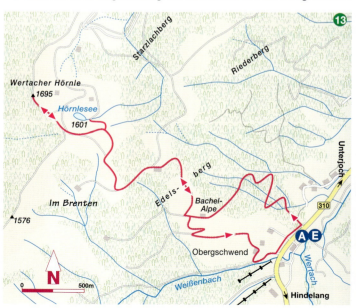

BU rechtsbündig unten auf Schriftlinie

Weg steil aufwärts zu einer Wegkreuzung in den Wiesen unter dem Wertacher Hörnle. An dieser Stelle biegt rechts der Weg ab, der uns einen kurzen Abstecher zum idyllischen Hörnlesee gestattet. Nur wenige Wanderer zweigen vom Hauptweg zum See ab und so können wir ungestört den in einer sanften Mulde eingebetteten See bewundern, über dem die Hänge zum nahen Gipfelkamm des Wertacher Hörnles ansteigen.

Aufs Wertacher Hörnle und zurück nach Geschwend Vom See gehen wir ein kurzes Stück zurück und steigen dann über Wegspuren rechts hinauf bis kurz unter den niedrigeren Südgipfel des Wertacher Hörnles, der ebenfalls problemlos bestiegen werden kann. Wir halten uns jedoch rechts und wandern über den Bergkamm zum kreuzgeschmückten Hauptgipfel (1695 m), der traumhafte Ausblicke in das Alpenvorland und ins Hochgebirge bietet. Vom Gipfel geht es auf dem Aufstiegsweg wieder hinab bis zur Buchel-Alpe. Hier kehren wir zu einer wohlverdienten Rast ein und genießen nochmals die herrliche Aussicht, ehe wir mit dem Schlussabstieg ins Tal beginnen.

Von der Hütte auf dem Fußweg über die Wiese hinab queren wir geradeaus die Alp-straße und einen Kiesweg und wandern auf breitem Weg abwärts. Nach kurzer Strecke wechseln wir auf einen schmalen Steig, der uns über teils feuchte Wiesen nach Obergschwend hinabführt. Hier geht es auf einer Kiesstraße kurz nach rechts, dann links auf einem Wiesenweg zur nahen Teerstraße hinab und auf ihr links bis vor die Bundesstraße. Links gehen wir an der Bushaltestelle vorbei zurück zum Parkplatz.

In einer eiszeitlichen Karmulde liegt unterhalb des Wertacher Hörnle der bezaubernde Hörnlesee.

DIE KRONE IN UNTERJOCH

Im nahen Unterjoch findet man unterhalb des kleinen Kirchleins den »Gasthof Krone« (Tel. 08324/98 20 10). Das ausgezeichnete Familienhotel bietet gute heimische Gerichte zu vernünftigen Preisen.

14 Von Zöblen auf den Schönkahler
Stille Familientour mit Aussicht

⬤ 🕐 3 Std. 🚶 8 km ⛰ je 450 m 🚌 ☺

WEGVERLAUF
Gasthof Zugspitzblick – Pirschling – Schönkahler – Pirschling – Gasthof Zugspitzblick

CHARAKTER
Eine einfache Bergwanderung auf einen sanft geformten Berg, der dank seiner zentralen Lage weite Rundblicke gewährt. Die Tour eignet sich wegen des ungefährlichen Geländes hervorragend für Familien mit Kindern. Beginnt man die Wanderung in Zöblen, verlängert sich die Tour um 200 Höhenmeter bzw. 1 Stunde Gehzeit.

AUSGANGS- UND ENDPUNKT
Der Gasthof Zugspitzblick nördlich oberhalb von Zöblen oder das Dorf Zöblen.

ANFAHRT
Zöblen liegt im westlichen Tannheimer Tal an der B 199, die vom Lechtal zum Oberjoch führt. Am westlichen Dorfrand beginnt die ausgeschilderte Zufahrtsstraße zum Gasthof Zugspitzblick (siehe Wegbeschreibung). Der dortige Parkplatz kann vor allem an schönen Herbstwochenenden überlastet sein. Zöblen liegt an der Buslinie, die von Reutte durch das Tannheimer Tal zum Oberjoch führt.

GEHZEITEN
Gasthof Zugspitzblick – Schönkahler 1.45 Std. – Gasthof Zugspitzblick 1.15 Std.

BESTE JAHRESZEIT
Juni bis Oktober

KARTE
Topografische Karte 1:50 000 des Bayer. Landesvermessungsamtes, Blatt Füssen.

EINKEHR
Im Gasthof Zugspitzblick.

INFORMATION
Tourismusverband Tannheimer Tal, Oberhöfen 110, A-6675 Tannheim, Tel. +43/(0) 5675/622 00, Fax +43/(0) 5675/62 20 60, E-Mail: info@tannheimertal.com, www.tannheimertal.com

Während die Nordhänge über dem Tannheimer Tal schon schneebedeckt sind, laden die Sonnenhänge am Schönkahlen noch zu Touren ein.

Der sanft gerundete Schönkahler, über dessen Gipfel die Grenze zwischen Deutschland und Österreich verläuft, steht im Schatten der nahen Gipfel der Allgäuer Hochalpen und der wilden Tannheimer Kletterberge. Von Süden führt auf den unscheinbaren Gipfel ein herrlicher Anstieg über weiche Bergmatten und bietet gerade Familien eine unvergessliche Wanderung auf den aussichtsreichen Gipfel.

Vom Tannheimer Talgrund zum Gasthof Zugspitzblick Die meisten Bergwanderer, die zum Schönkahler wollen, fahren mit ihrem Auto von Zöblen zum herrlich gelegenen Gasthof Zugspitzblick hinauf. Da die Anfahrt mit öffentlichen Verkehrsmitteln jedoch in Zöblen endet, beginnen wir die Wegbeschreibung schon in Zöblen. Am westlichen Dorfrand zweigt von der B 199 eine schmale, zum Gasthof Zugspitzblick ausgeschilderte Straße ab, die ansteigend aus dem Ort führt. Das Sträßchen leitet uns links über den Steinbach in die steilen, aussichtsreichen Wiesenhänge. Nach den ersten beiden Straßenkehren erreichen wir die kleine Kapelle und die holzbraunen Höfe von Unterhalde. Wer hier zu Fuß unterwegs ist, kann den herrlichen Blick über den grünen Talgrund zu den gegenüberliegenden Bergen ungestört genießen, ehe einige weitere Straßenkehren anschließend durch die wunderschönen Wiesen zum Gasthof Zugspitzblick hinaufführen.

Vom Zugspitzblick zum Hochmoor auf dem Wiesler Berg Am Parkplatz neben dem Gasthof Zugspitzblick beginnt eine Forststraße, die sanft durch die Wiesen ansteigt. Nach 100 Metern halten wir uns an der Weggabelung auf dem »Weg 82« rechts in Richtung Schönkahler. Nach wenigen Minuten erreichen wir eine Kreuzung, von der wir links aufwärtswandern. Am Rand einer Alpweide treffen wir auf eine weitere Forstwegkreuzung. Wir gehen geradeaus und halten uns nach 100 Metern an der nächsten Kreuzung rechts. Die Straße führt uns kurz aufwärts und quert dann fast eben nach Westen. Bald sehen wir nach Schattwald hinab und finden rechts eine Wegspur, die durch den Hang auf den lang gestreckten Rücken des Wiesler Berges führt. Der rot markierte Pfad schwenkt am Rand der Hochfläche nach rechts und bringt uns durch ein schütter bewaldetes

gen Tages hinter uns gebracht. Auf dem Pirschling (1634 m) öffnet sich der Blick in alle Richtungen. Die höchste Kuppe bleibt etwas rechts und vorbei am silbergrauen Gerippe eines abgestorbenen Waldes folgen wir am linken Rand der Gipfelfläche dem Weg. Zum ersten Mal sehen wir nun unser Ziel vor uns, die behäbig breite Gipfelkuppe des Schönkahlers, von der uns noch ein weiter Wiesensattel trennt. Nach einem kurzen Abstieg wandern wir über die Weideflächen des Sattels geradewegs nach Norden. Ein harmloser Anstieg über weiche Bergmatten bringt uns schließlich zum Kreuz auf dem Gipfel des Schönkahlers (1688 m), der uns eine herrliche Rundumsicht bietet. Über die steile abfallende Nordflanke geht der Blick hinaus ins Alpenvorland und am felsigen Einstein vorbei zu den Kletterwänden der Tannheimer Berge. Im Süden setzen sich die Allgäuer Hochgipfel, die über dem Vilsalpsee und über dem Ostrachtal aufragen, imposant in Szene und das Oberjoch öffnet den Blick zu den Nagelfluhbergen westlich des Illertales. Nach einer ausgiebigen Gipfelrast kehren wir auf dem bekannten Weg zurück zum Gasthof Zugspitzblick und nach Zöblen.

Am Wiesler Berg helfen einige Stege durch die malerische Moorlandschaft.

Während das Alpenvorland unter einer dichten Nebeldecke liegt, genießt man auf dem Schönkahlen die Herbstsonne.

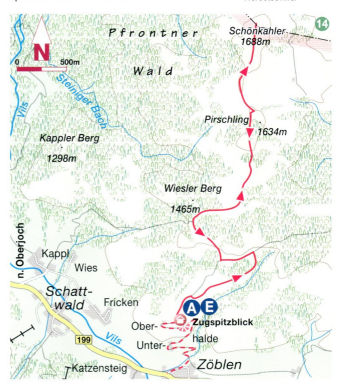

Hochmoor, das die sanfte Bergkuppe überzieht. Über die feuchtesten Stellen helfen uns einige Holzstege und am höchsten Punkt schlüpfen wir neben einem Baum durch einen Zaun.

Über den Pirschling zum Schönkahler

Kurze Zeit später liegt vor uns eine sumpfige Talmulde, in die uns ein kurzer Abstieg führt. Gegenüber ist der Weg schon deutlich auszumachen, der durch den Wiesenhang des Pirschlings bergan zieht. Der Pfad ist teilweise mit roten Pflöcken markiert und bald haben wir den einzigen steileren Anstieg des heuti-

15 Vom Neunerkopf zur Sulzspitze
Hochgebirge light

3.15 Std.   8,5 km   je 360 m

WEGVERLAUF
Neunerkopf – Strindenscharte – Sulzspitze – Strindenscharte – Neunerkopf

CHARAKTER
Die Tour verläuft, wenn man der etwas weiteren Wegvariante über die Obere Strindenalpe folgt, auf breiten, bequem zu begehenden Wegen bis kurz vor die Gappenfeldscharte. Lediglich für den letzten Gipfelanstieg zur Sulzspitze ist Trittsicherheit erforderlich. Wem dieses Wegstück zu anspruchsvoll ist, der kann vom Abzweig zum Gipfel auch auf breitem Weg zur nahen Gappenfeldscharte wandern. Herrliche Ausblicke sind auf jeden Fall garantiert.

AUSGANGS- UND ENDPUNKT
Die Bergstation der Vogelhornbahn (Fahrplanauskunft Vogelhornbahn unter Tel. +43/(0) 5675/62 60).

ANFAHRT
Mit dem Pkw auf der B 199 vom Oberjoch aus oder von Reutte in Tirol aus durch das Tannheimer Tal zur Talstation der Vogelhornbahn am westlichen Ortsrand von Tannheim. In Tannheim Bushaltestelle der Linie, die Reutte über das Tannheimer Tal mit dem Oberallgäu verbindet.

GEHZEITEN
Bergstation – Abzweig Sulzspitze 1.15 Std. – Sulzspitze 0.40 Std. – Bergstation Vogelhornbahn 1.20 Std.

BESTE JAHRESZEIT
Mitte Juni bis Oktober

KARTE
Topografische Karte 1:50 000 des Bayer. Landesvermessungsamtes, Blatt Füssen.

EINKEHR
An der Bergstation der Vogelhornbahn.

INFORMATION
Tourismusverband Tannheimer Tal, Oberhöfen 110, A-6675 Tannheim, Tel. +43/(0) 5675/622 00, Fax +43/(0)5675/ 62 20 60, E-Mail: info@tannheimertal.com, www.tannheimertal.com

Schon zu Beginn der Wanderung genießt man die herrliche Rundumsicht über die Tannheimer Bergwelt.

Will man ohne allzu große Anstrengungen die Faszination des Hochgebirges erleben, bietet sich die Sulzspitze als ideales Ziel an. Aufgrund des einfachen Zustieges von der Bergstation der Tannheimer Vogelhornbahn ist dieser markante Gipfel problemlos zu erreichen. Und dank seiner freien Alleinlage bietet dieser Berg eine weite Rundumsicht auf die Bergwelt zwischen Allgäuer Alpen und Zugspitze.

Auf breiten Wegen oder schmalen Steigen zur Strindenscharte Von der Bergstation der Vogelhornbahn (1790 m) gehen wir den Wegweisern zum Neunerkopf und zur Landsberger Hütte folgend bergauf auf den nahen Neunerkopf zu. Vor dem Startplatz der Fallschirm- und Drachenflieger erreichen wir eine Wegkreuzung. Geradeaus quert der breite Hauptweg, der die einfachere Variante bietet, die Westflanke des Neunerkopfes. Wir

halten uns jedoch links und folgen dem schmalen Steig, der uns durch steileres Gelände zum herrlichen Gipfelkreuz auf dem Neunerkopf (1864 m) hinaufleitet. Von dort bietet sich uns ein prachtvoller Tiefblick auf das Tannheimer Tal mit dem Haldensee, über dem die Tannheimer Kletterberge aufragen. Vom Gipfel steigen wir kurz in den Sattel vor dem nächsten Kammaufschwung ab und wandern dann rechts auf breitem Weg zum Hauptweg hinab. Er führt links an einem breiten Wiesenkamm entlang und bald abwärts zu einer Wegkreuzung.

Hier muss man sich zwischen zwei Wegvarianten entscheiden. Die einfachere und etwas weitere leitet abwärts zur Oberen Strindenalpe. Von dort folgt man der Alpstraße zu einer Kreuzung, von der man auf einer Schotterpiste rechts aufwärtswandert. Wir schwenken jedoch rechts auf den schmalen, etwas anspruchsvolleren Steig, der mit dem Hinweisschild »Nur für Geübte« versehen ist. In leichtem Auf und Ab zieht er durch die Hänge. Es sind kurze felsige Abschnitte zu überwinden und auf den Alpwiesen gibt es mehrmals feuchte, morastige Stellen. Kurz unterhalb der Strindenscharte treffen wir auf das Schottersträßchen, mit dem die einfachere Wegvariante von der Oberen Strindenalpe heraufführt. Nun kürzen wir zwei weite Kehren der Schotterstraße ab, indem wir auf einem steinigen Weg geradeaus zur Strindenscharte hinaufsteigen.

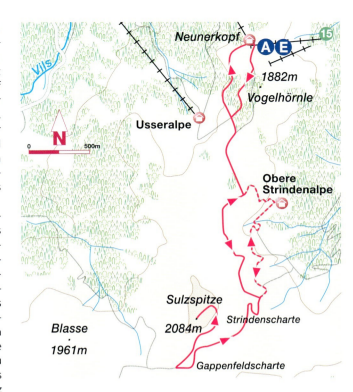

Zur Sulzspitze oder zur Gappenfeldscharte

In der Strindenscharte treffen wir wieder auf die Alpstraße, der wir nach links folgen. Sie leitet uns leicht ansteigend durch die steile Südostflanke der Sulzspitze. Im Süden ragt jenseits des Birkentales die wilde Gipfelgestalt der Leilachspitze auf, deren Dolomitgestein in zahllose Felstürme zerbröselt ist. Kurz vor Erreichen der Gappenfeldscharte zweigt der steile Gipfelweg zur Sulzspitze ab. Wer eine einfache Wegvariante sucht, der folgt einfach dem Sträßchen zu den aussichtsreichen Wiesen in der nahen Gappenfeldscharte.

Wir folgen jedoch dem Wegweiser zur Sulzspitze nach rechts. Der schmale, teils steile und abschüssige Steig führt uns oberhalb der Schotterstraße durch den Südosthang der Sulzspitze zu einer sanften Bergwiese. Ober-

halb der Wiese wird der Hang wieder steiler und verlangt nochmals etwas Trittsicherheit. In Serpentinen schlängelt sich der Steig durch eine Mulde bergan, bis wir über harmloses Gelände zum nahen, aussichtsreichen Gipfel der Sulzspitze (2084 m) schlendern können. Eindrucksvolle Ausblicke auf nahe und ferne Gipfel entschädigen uns reichlich für die Mühen des steilen Schlussanstieges. Nach einer Gipfelrast kehren wir auf dem bekannten Weg zurück zur Bergstation der Vogelhornbahn.

Oberhalb der Strindenalpe grasen zahlreiche Pferde auf den üppigen Bergwiesen.

16 Schartenschrofen und Gräner Höhenweg
Aussichtswege am Füssener Jöchl

4.45 Std. | **12 km** | **560 m/1240 m**

WEGVERLAUF

Füssener Jöchl – Schartenschrofen – Füssener Jöchl – Sefenjoch – Sebenalm – Bad Kissinger Hütte – Grän

CHARAKTER

Die Tour teilt sich in zwei Abschnitte. Der erste Teilabschnitt führt von der Bergstation auf teils steilen und Trittsicherheit verlangenden Steigen auf den Felszacken des Schartenschrofen. Nur mittelschwer ist der zweite Teil der Tour auf dem Gräner Höhenweg.

AUSGANGS- UND ENDPUNKT

Die Berg- bzw. die Talstation der Seilbahn zum Füssener Jöchl (Fahrbahnauskunft Füssener-Jöchl-Bahn unter Tel. +43/(0) 5675/ 63 63).

ANFAHRT

Mit dem Pkw von der B 199, die durch das Tannheimer Tal verläuft, auf die nach Pfronten ausgeschilderte Straße durch das Engetal abbiegen. Am Ortsrand von Grän der Beschilderung zur Füssener-Jöchl-Bahn folgen und kurz aufwärts zum großen Parkplatz an der Talstation. Grän liegt an der Buslinie, die von Reutte durch das Tannheimer Tal zum Oberjoch verkehrt, und an der Buslinie, die Pfronten mit dem Tannheimer Tal und dem Vilsalpsee verbindet.

GEHZEITEN

Füssener Jöchl – Schartenschrofen 0.55 Std. – Füssener Jöchl 0.35 Std. – Sebenalm –1 Std. – Bad Kissinger Hütte 1 Std – Grän 1.15 Std.

BESTE JAHRESZEIT

Juni bis Oktober

KARTE

Topografische Karte 1:50 000 des Bayer. Landesvermessungsamtes, Blatt Füssen.

EINKEHR

An der Bergstation der Füssener-Jöchl-Bahn, in der Bad Kissinger Hütte und in Grän.

INFORMATION

Tourismusverband Tannheimer Tal, Oberhöfen 110, A-6675 Tannheim, Tel. +43/(0) 5675/622 00, Fax +43/(0) 5675/ 62 20 60, E-Mail: info@tannheimertal.com, www.tannheimertal.com

Überm Reintal ragen die dunklen Nordwände der imposanten Tannheimer Kletterberge auf.

Von Roter Flüh und Gimpel, den berühmten Tannheimer Kletterbergen, zieht ein Bergkamm nach Nordwesten zum markanten Felshorn des Aggensteins. Von Grän aus erschließt die Seilbahn zum Füssener Jöchl das herrliche Wandergebiet, das diesen Bergkamm und einige Seitenkämme erschließt. Zu Beginn führt ein steiler Weg zum Schartenschrofen, der beeindruckende Einblicke in die nahen Felswände von Roter Flüh und Gimpel bietet. Anschließend wandern wir auf dem einfacheren Gräner Höhenweg, der herrliche Weitblicke bietet, im Auf und Ab zur Bad Kissinger Hütte. Wie ein Adlerhorst klammert sich die Hütte an die steile Südflanke des Aggenstein. Von der Hütte ist ein steiler Abstecher zum markanten Felshorn möglich, ehe uns der Hüttenweg wieder nach Grän hinabbringt.

Vom Sefenjoch geht ein letztes Mal der Blick zurück zu den eindrucksvollen Tannheimer Bergen.

Vom Füssener Jöchl zum Schartenschrofen

Am Füssener Jöchl (1818 m) folgen wir dem Weg, der ab hier durchgehend zum Schartenschrofen ausgeschildert ist, nach rechts. Er läuft anfangs durch die Bergwiesen sanft abwärts. Nach kurzer Strecke bleibt der steile Anstieg zur Läuferspitze, die von versierten Bergsteigern auf dem Weg zum Schartenschrofen überschritten werden kann, rechts. Wir folgen dem gemütlicheren Weg und erreichen nach einem kurzen Anstieg das Reintaljoch. Wir halten uns rechts, gehen an der Weggabelung vor der Läuferspitze geradeaus und queren dann die steile Ostflanke der Läuferspitze. Ein kurzer felsiger Abschnitt verlangt etwas Konzentration, ehe wir eine zwischen Läuferspitze und Hallerschrofen eingelassene Scharte erreichen. Hier trifft der schwierige Weg über die Läuferspitze wieder auf den beschriebenen Weg.

Nach einem zweiten Schärtchen wird der felsige Gipfel des Hallerschrofen rechts umgangen und wir erreichen einen Bergkamm. Zum ersten Mal geht nun der Blick zum Schartenschrofen, der von den Felswänden von Gimpel und Roter Flüh überragt wird. Unser Weg folgt nur kurz dem Bergkamm und schlängelt sich dann abwärts zum Hallergernjoch. Geradewegs über das Joch erreichen wir den Gipfelanstieg zum Schartenschrofen, der anfangs in steilen Serpentinen bergan führt. Bald steigen wir jedoch ohne große Mühen durch die Latschen bergan. Ein kurzer Schlussanstieg bringt uns auf den Gipfel des Schartenschrofen (1968 m). Hier beginnt der mit Stahlseilen gesicherte »Friedberger Steig«, der jenseits beeindruckend steil zur »Gelben Scharte« hi-

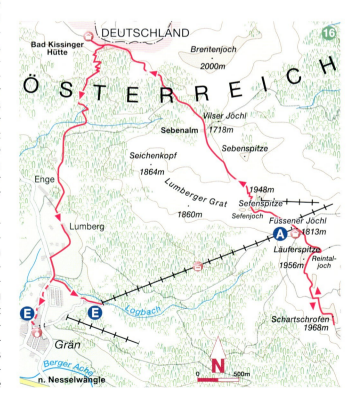

69

Wie ein Adlerhorst klebt die Bad-Kissinger Hütte an der steilen Südflanke des Aggensteins.

nabzieht. Wir begnügen uns mit dem atemberaubenden Nahblick auf Gimpel und Rote Flüh und steigen nach der Gipfelrast auf dem bekannten Weg wieder zum Füssener Jöchl ab.

Vom Füssener Jöchl zur Bad Kissinger Hütte Vor der Bergstation der Seilbahn halten wir uns rechts und folgen dem zur Bad Kissinger Hütte ausgeschilderten Weg nach Nordwesten. Der bequeme, sanft bergauf verlaufende Weg hält sich etwas links des Bergrückens. Nach wenigen Minuten führt er auf die rechte Seite des Kammes und steigt an Lawinenverbauungen vorbei zu einem flachen Abschnitt des Bergrückens an. Wir wandern links an der Bergstation des Jochalmliftes vorbei und auf nun schmalem Weg durch die Südflanke der Sefenspitze, von der wir herrliche Blicke zurück zu den Tannheimer Kletterbergen genießen. Wir erreichen eine Wegkreuzung und folgen der Beschilderung zur

Bad Kissinger Hütte. Ein kurzer steilerer Anstieg bringt uns zum Sefenjoch, auf dem sich der Blick über die weit geschwungene Mulde des Sebentales zum steilen Felshorn des Aggensteins öffnet. Der teils steile und recht steinige Weg schlängelt sich durch das Tal abwärts und führt dann am Fuß der markanten Sebenspitze durch Latschen und über Alpwiesen zur malerisch gelegenen Sebenalm. Neben der letzten kleinen Alphütte erreichen wir eine Wegkreuzung. Rechts hoch führt ein schmaler Weg ins nahe Vilser Jöchl, von dem aus man über den Südrücken einen Abstecher zum Gipfel des Brentenjochs (2000 m) unternehmen kann.

Wir folgen jedoch geradeaus dem schönen Steig, der sanft abfallend am Südwestfuß des Brentenjochs zu einer weiteren Wegkreuzung führt. Wer in Zeitnot ist, kann sich hier links halten und am Seebach entlang absteigen. Weiter unten trifft dieser Weg auf den Hüttenweg der Bad Kissinger Hütte, auf dem es dann hinab nach Grän geht.

Wir folgen jedoch weiterhin dem Gräner Höhenweg, der uns sanft ansteigend durch den Waldhang zu aussichtsreichen Bergwiesen führt. Wenig später erreichen wir den Bergkamm, der das Brentenjoch mit dem Aggenstein verbindet. Unser Weg verläuft auf der Südseite des Bergkammes zu einer Wegkreuzung, von der wir geradewegs zur nahen, herrlich auf einem Steilfels gelegenen Bad Kissinger Hütte (1788 m, früher Pfrontner Hütte) aufsteigen. Von hier kann man einen

DIE TANNHEIMER BERGE

Im Nordosten des Tannheimer Tales erhebt sich die gleichnamige Berggruppe, die morphologisch gesehen zu den Allgäuer Alpen gehört. Doch die herrlichen Felszinnen der Tannheimer Berge besitzen einen ganz eigenen Charakter. Nirgendwo sonst in den Allgäuer Bergen findet man bessere Felsqualität als an den aus festem Wettersteinkalk aufgebauten Steilwänden von Roter Flüh, Gimpel oder Köllenspitze. Und so sind diese herrlichen Berge eines der beliebtesten Klettergebiete im weiten Umkreis. Uns mag auf dieser Tour die Sicht auf die edlen Berggestalten genügen, die auf den Touren rund ums Füssener Jöchl ständig im Blickfeld bleiben.

steilen Abstecher auf den markanten Aggen-stein unternehmen, der über der Hütte auf-ragt und für den man zusätzlich zirka eine Stunde einplanen sollte. An der Hütte liegen alle Anstiege des heutigen Tages hinter uns und so können wir ausgiebig die herrliche Aussicht über das Tannheimer Tal auf die All-gäuer und Lechtaler Alpen genießen.

Der Abstieg nach Grän Von der Hütte stei-gen wir auf dem Weg, auf dem wir zuvor auf-gestiegen sind, zur letzten, etwas unterhalb gelegenen Wegkreuzung ab. Wir biegen rechts auf den nach Grän ausgeschilderten Hüttenweg ein, der sich parallel zur Material-seilbahn durch den steilen Waldhang ab-wärtswindet. Weiter unten führt uns eine Brücke über den Seebach und auf der linken Seite des Baches bringt uns ein angenehmer Weg zu einer Forststraße, die geradewegs überquert wird. Wir steigen nun links der Ma-terialbahn wieder zu einer Wirtschaftsstraße ab, folgen ihr kurz nach links und wandern dann rechts zu einer nahen Kreuzung hinab. Das linke, sanft fallende Sträßchen führt uns geradewegs über die Wiesen. Bei den Häu-sern von Enge treffen wir auf eine schmale Teerstraße, die uns links bald an den Häusern von Lumberg vorbeiführt.

Das Sträßchen knickt wenig später nach rechts ab und leitet uns zur Hauptstraße hi-nab. An ihr entlang wandern wir nach links

und überqueren nach kurzer Strecke den Log-bach. Folgt man hier geradeaus der Haupt-straße, ist das Ortszentrum von Grän schnell erreicht. Da wir unser Auto an der Talstation der Füssener-Jöchl-Bahn geparkt haben, durchqueren wir links ein schmales Gatter und wandern auf einer Wegspur am Bach ent-lang aufwärts zum großen Parkplatz an der Talstation.

17 Von der Krinnen-Alpe zum Haldensee
Panoramaweg bei Nesselwängle

2.30 Std.   7 km   150 m/550 m

WEGVERLAUF

Krinnenspitzbahn-Bergstation – Edenalpe – Strindenbachtobel – Haldensee – Krinnenspitzbahn-Talstation

CHARAKTER

Eine weitgehend einfache Wanderung auf Wanderwegen und Bergsteigen, die zu Beginn herrliche Ausblicke über das Tannheimer Tal bietet. Nach einem oft recht feuchten Abstieg erreicht man den wilden Strindenbachtobel und wandert dann auf breitem Weg am malerischen Haldensee entlang zum Ausgangspunkt zurück. Bei feuchter Witterung empfiehlt sich für den Abstieg der Umweg von der Edenalpe über die Gräner Öden-Alpe.

AUSGANGS- UND ENDPUNKT

Der große Parkplatz an der Krinnenspitzbahn westlich von Nesselwängle (Fahrplanauskunft Krinnenspitzbahn unter Tel. +43/(0) 5675/82 50).

ANFAHRT

Auf der B 199 durch das Tannheimer Tal nach Tannheim und nahe Nesselwängle der Beschilderung folgend zum großen Parkplatz an der Krinnenspitzbahn. Gute Busverbindung vom Oberjoch durch das Tannheimer Tal nach Reutte (Bahnstation).

GEHZEITEN

Krinnenspitzbahn-Bergstation – Edenalpe 0.25 Std. – Haldensee 1.15 Std. – Krinnenspitzbahn-Talstation 0.50 Std.

BESTE JAHRESZEIT

Juni bis Oktober

KARTE

Topografische Karte 1:50 000 des Bayer. Landesvermessungsamtes, Blatt Füssen.

EINKEHR

In der Krinnen-Alpe, Edenalpe und in Haldensee.

INFORMATION

Tourismusverband Tannheimer Tal, Oberhöfen 110, A-6675 Tannheim, Tel. +43/(0) 5675/622 00, Fax +43/(0) 5675/62 20 60, E-Mail: info@tannheimertal.com, www.tannheimertal.com

Das Tannheimer Tal, das sich in einer Höhe von über tausend Metern von West nach Ost erstreckt, zählt zu den schönsten Hochtälern der Alpen. Im Nordosten ragen die berühmten Tannheimer Kletterberge rund um Gimpel, Rote Flüh und Köllenspitze über dem malerischen Haldensee auf. Auf der südlichen, gegenüber liegenden Talseite türmt sich die Krinnenspitze genau zu einer Höhe von 2000 Metern auf. Sie besitzt zwar eine weniger markante Gestalt als ihre wilden Gegenüber, dafür aber bietet sie unvergleichliche Ausblicke. Tief unten liegt das Tal mit dem Haldensee und gegenüber ragen über Nesselwängle die sonnenüberfluteten, mauerglatten Kletterwände der Tannheimer Berge auf. All diese landschaftlichen Schönheiten lassen sich mit relativ wenig körperlichem Aufwand erleben. Eine Sesselbahn bringt uns aus dem Tal hinauf zum Panoramaweg, der die Nordhänge der Krinnenspitze quert. Der Abstieg führt uns am wilden Strindenbachtobel vorbei, ehe sich die abendlich erleuchteten Kletterberge im malerischen Haldensee spiegeln.

An der Nordflanke der Krinnenspitze Ausgangspunkt unserer Tour ist der große Parkplatz an der Talstation der Krinnenspitzbahn. Wer die ganze Tour zu Fuß bewältigen will, der folgt von der Talstation in östlicher Richtung der Beschilderung Richtung Haldensee und findet nach kurzer Strecke den Anstiegsweg zur Krinnen-Alpe. Teils auf oder nahe der Skipiste müssen 400 Höhenmeter überwunden werden, ehe man an der Krinnen-Alpe auf den Panoramaweg trifft.
Wir machen es uns heute gemütlicher und lassen uns von der alten Sesselbahn bis in eine Höhe von über 1500 Metern hinauftragen. Unter den finsteren Nordwänden der Krinnenspitze führt uns der Weg rechts zur nahen Krinnen-Alpe, die eine erste Einkehrmöglichkeit bietet. Hier treffen wir auch auf den Anstiegsweg, der vom Tal heraufkommt. Von der Alpe

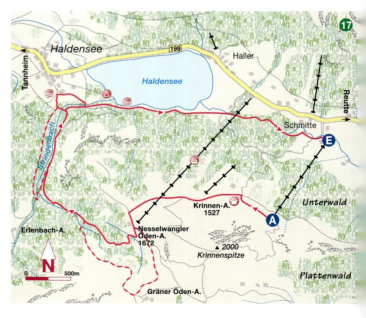

Schon nach kurzer Wegstrecke lockt die Edenalpe zu einer aussichtsreichen Rastpause.

Dieser Wegweiser am Beginn der Tour ist für unsere Wanderung wenig hilfreich.

führt uns ein breiter Weg ein kurzes Stück steil bergan. Doch schon an der nahen Bergstation eines Schleppliftes wird der Anstieg merklich flacher und der Weg führt uns ohne weitere Mühen durch die teils mit Latschen bewachsenen Wiesenhänge. In vollen Zügen können wir nun die herrliche Aussicht genießen. Über Tannheim ragt der markante Einstein auf und direkt gegenüber türmen sich über Nesselwängle die imposanten Felshörner der Tannheimer Berge. An die Steilhänge klammert sich das moderne Gimpelhaus, das für Kletterer einen idealen Ausgangspunkt zu den mauerglatten Wänden von Roter Flüh und Hochwieseler und zu den Genusskletereien am Gimpel ist.

Immer wieder unterbrechen wir den sanften Anstieg für einen Rundblick, bis wir nach einer Kuppe auf eine Alpstraße treffen, auf der wir nach wenigen Metern die bewirtschaftete Edenalpe (auf der Karte als Nesselwängler Öden-Alpe eingezeichnet) erreichen. Von der Terrasse öffnet sich der Blick nach Westen zur Sulzspitze und nach Süden auf die zerfurchten Steilwände des Lintisschrofen.

Zwei Wege zum Strindenbach Von der Edenalpe bieten sich zwei Weiterwege Richtung Haldensee an. Der kürzere, der direkt an

der Edenalpe beginnt, kann nach längeren Regenfällen unangenehm feucht werden. Er führt als schmale Wegspur über die Alpwiesen und dann durch den Wald teils steil abwärts bis an den Rand eines Bachtobels. Am rechten Rand des tief eingeschnittenen Baches führt der Weg über mehrere sumpfige Abschnitte talwärts.

Wer diese feuchten Stellen umgehen möchte, der kann von der Edenalpe der Beschilderung zur ebenfalls bewirtschafteten Gräner Ödenalpe folgen. Dort beginnt ein Weg, der über aussichtsreiche Alpwiesen abwärts Richtung Haldensee verläuft. Ein kurzer, steiler Abstieg bringt uns zu einer Brücke und kurz nach dem Bach treffen wir auf den direkten Abstieg von der Edenalpe. Für den Umweg über die Gräner Ödenalpe muss man zusätzlich eine knappe halbe Stunde einrechnen.

Gemeinsam geht es auf nun gutem und trockenem Weg am Talrand abwärts zur Talstation einer Materialseilbahn und auf dem Zufahrtssträßchen zu einer breiten Forststraße. Unter uns liegt nun der wilde, weitgehend unzugängliche Strindenbachtobel. Nur das Rauschen des Wildbaches ist leise zu vernehmen und der Lauf der tief in die Felsen eingeschnittenen Schlucht ist zu erahnen.

Vorbei am Strindenbachtobel nach Haldensee Für den Weiterweg stehen uns nun wiederum zwei Wegvarianten zur Verfügung. Abenteuerlustige Wanderer, die schmale Steige lieben, können dem Forstweg nach links folgen. Nach der Brücke über den munter plätschernden Strindenbach steigt man auf der Alpstraße noch kurz bergan, bis sie in einer Kehre nach links abknickt. Hier wechselt man rechts auf einen unbeschilderten, aber breiten Weg, der in gleich bleibender Höhe durch ein Aufforstungsgebiet führt. Am Ende der Kahlfläche wechselt man auf einen schmalen Steig, der hoch über dem Strindenbachtobel die bewaldeten Steilhänge quert. Nach einem steileren Abstieg erreicht man direkt an der Brücke über den Strindenbach den einfacheren Weg.

Wir wollen den etwas anspruchsvolleren Weg westlich des Strindenbachtobels meiden und folgen der Forststraße nach rechts, die oberhalb der steilen Tobelwände den Hang quert und dann bergab verläuft. Bald können wir

links auf einen Weg wechseln, der durch den Waldhang zum Ausgang des Strindbachtobels hinabführt. Von der Brücke über den Strindbach bietet sich ein beeindruckender Blick auf die Wasserfälle und Gumpen in der wilden Schlucht, die nur mit Spezialausrüstung von oben her erkundet werden kann. Nach der Brücke bringt uns der Weg schnell an den südlichen Ortsrand von Haldensee.

Vorbei am Haldensee Vor den ersten Häusern von Haldensee gehen wir rechts zu einem nahen Teerweg, der uns am Rand der Wiesen nach Osten führt. Bald geht es links zum Strandbad am Haldensee. Wir aber gehen auf einer Brücke nach rechts über den Strindbach und folgen dann dem breiten Weg, der uns zum Südufer des Haldensees bringt. Vorbei an den Kiesbänken, die der Strindbach in den See geschüttet hat, schlendern wir am Ufer entlang nach Osten. Auf der glatten Wasserfläche des Haldensees spiegeln sich die grünen Talwiesen und die steilen Felshörner der Tannheimer Berge und mehrmals laden herrlich aussichtsreiche Rastplätze zu einer Pause. Vom Ostende des Sees folgen

wir geradeaus einem geteerten Weg, der sanft auf die bewaldeten Hügel am Nordfuß der Krinnenspitze ansteigt. Bald können wir geradewegs auf eine Kiesstraße wechseln, die uns auf einen Wiesensattel führt. Jenseits steigen wir über die Wiesen zur nahen Talstation der Krinnenspitzbahn hinab.

Oberhalb des tief eingeschnittenen Tobels plätschert der Strindenbach in kleinen Kaskaden zu Tale.

DAS TANNHEIMER TAL

In ca. 1100 Metern durchzieht das Tannheimer Tal zwischen Weißbach am Lech und dem Oberjoch die Allgäuer Bergwelt. Verstreut im Tal liegen die Orte Nesselwängle-Haller, Grän-Haldensee, Tannheim, Zöblen und Schattwald.

Schon die Römer legten aus strategischen Gründen um das Jahr 250 die Via Decia durch den Talgrund. Ab ca. 600 n. Chr. ließen sich im Tannheimer Tal alemannische Siedler nieder. Im Mittelalter kam das Tal zu Tirol. Ab dem 16. Jahrhundert lief die Salzstraße von Hall in Tirol zum Bodensee durch das Tannheimer Tal. Sie brachte in einer Zeit, in der das sich verschlechternde Klima die alpine Landwirtschaft erschwerte, zusätzliche Einkunftsmöglichkeiten in die Dörfer. Im 19. Jahrhundert versiegte diese Erwerbsquelle und viele Einheimische verdienten als Maurer oder Stuckateure außerhalb des Tales ihren Lebensunterhalt. Heute ist es der Tourismus, der für den Wohlstand in diesem herrlichen Hochtal sorgt.

18 Der Hirschbachtobel über Bad Hindelang
Wilde Schlucht und sanfte Höhen

4.45 Std. 9,5 km je 950 m

WEGVERLAUF
Hindelang – Hirschbachtobel – Hirsch-Alpe – Spießer – Klank-Hütte – Hirschberg – Hindelang

CHARAKTER
Zu Beginn der aussichtsreichen Rundwanderung verlangt der schmale, steile Steig durch den malerischen Hirschbachtobel Trittsicherheit. Hier geben die Schautafeln eines geologischen Lehrpfades Einblicke in die erdgeschichtlichen Abläufe. Anschließend leiten meist einfache Wege über die Bergkuppen, die herrliche Weitblicke bieten. Durchsteigt man den Hirschbachtobel nicht ganz, sondern folgt dem geologischen Lehrpfad durch die Südhänge des Hirschberges, ist der Weg bedeutend kürzer und einfacher und auch für Kinder geeignet.

AUSGANGS- UND ENDPUNKT
Die Kirche im Ortszentrum von Hindelang.

ANFAHRT
Hindelang liegt an der B 308, die von Sonthofen auf das Oberjoch führt. Parkmöglichkeit unterhalb des Ortszentrums an den Parkplätzen nahe der B 308. Gute Busverbindungen nach Sonthofen (Bahnhof) und in andere Allgäuer Orte.

GEHZEITEN
Hindelang – Hirschbachtobel 0.45 Std. – Spießer 2.15 Std. – Hirschberg 0.50 Std. – Hindelang 0.55 Std.

BESTE JAHRESZEIT
Mitte Juni bis Oktober

KARTE
Topografische Karte 1:50 000 des Bayer. Landesvermessungsamtes, Blatt Allgäuer Alpen.

EINKEHR
In Hindelang.

INFORMATION
Gästeinformation Bad Hindelang, Am Bauernmarkt 1, 87541 Bad Hindelang, Tel. 08324/89 20, Fax 08324/80 55, E-Mail: info@hindelang.net, www.bad-hindelang.info

Schon nach kurzer Strecke liegt uns der hübsche Ort Bad Hindelang zu Füßen.

In einer weiten, allseits von steilen Bergen eingerahmten Talmulde liegt an der alten Handelsstraße über das Oberjoch der bei Urlaubern und Bergsteigern beliebte Marktflecken Bad Hindelang. Nördlich über dem Ort durchzieht der geologisch interessante Hirschbachtobel die sonnige Südflanke des Spießers. Die wilde Schlucht schneidet in Gesteinsschichten aus unterschiedlichen Erdzeitaltern und öffnet so einen eindrucksvollen Blick in die Erdgeschichte. 1980 wurde im Hirschbachtobel ein geologischer Lehrpfad eingerichtet, der die verschiedenen Gesteine vorstellt und die Kräfte der Gebirgsbildung erläutert. Ein schmaler, schweißtreibender Steig führt hier an Wasserfällen vorbei hinauf zu malerischen Alpen und den gerundeten Bergkuppen von Spieser und Hirschberg, von denen die Blicke zu den wilden, felsigen Gipfeln der Allgäuer Hochalpen und weit ins Alpenvorland gehen.

Am Spieser öffnen sich allseits weite Blicke über die Allgäuer Bergwelt.

Der Weg durch den Hirschbachtobel Von der Kirche im Ortszentrum von Bad Hindelang gehen wir auf der »Marktstraße« in östlicher Richtung zur »Jochstraße«. Wir folgen ihr wenige Meter links aufwärts und biegen dann links in die zur Kalvarienberggasse ausgeschilderte »Rosengasse«. Wir folgen ihr aufwärts, bis rechts neben einer Kreuzwegstation ein schmaler Teerweg abzweigt. Auf ihm wandern wir aufwärts zur Kalvarienbergkapelle. Links der Kapelle beginnt eine Wegspur, die uns über weiche Wiesen zu einem Teersträßchen führt. Wir folgen der Straße nur wenige Meter nach links und biegen dann rechts auf einen Wiesenweg ein. Er bringt uns in wenigen Minuten hinauf zum Café Polite. An der Wegkreuzung neben dem Café halten wir uns rechts und steigen bald in den Talgrund des Hirschbachtobel hinab. Wir nehmen an der Kreuzung hinter dem Brückchen den linken Weg. Die Schautafeln des »Geologischen Lehrpfades Hindelang« erläutern nun die Entstehungsgeschichte der Landschaft und die verschiedenen Gesteine am Wegesrand. Durch eine wahre Urlandschaft steigen wir rechts des Baches, der über glatte Felsen und abgestürzte Bäume in grüne Wasserbecken rauscht, auf dem gut ausgebauten und mit Drahtseilen gesicherten Weg bergan. Oberhalb des ersten Schluchtabschnittes weitet sich das Tal und wir erreichen eine Wegkreuzung. Der geologische Lehrpfad, auf den wir erst später am Steinköpfle wieder treffen werden, führt links über den Steg und bietet eine einfachere und kürzere Wegvariante.

Wir wandern jedoch geradeaus am Bachbett entlang talauf. Ein zweiter Steg bringt uns auf die linke Bachseite und kurz darauf zweigt links der Kellerwandweg ab, auf den wir später auch wieder treffen werden. Wir wandern auf schmalem Steig geradeaus in den beeindruckenden oberen Abschnitt der Schlucht. Eine Brücke hilft uns wieder über den Bach, der über glatt gewaschene Felsen sprudelt. Über uns schließt sich das Tal in einem weiten

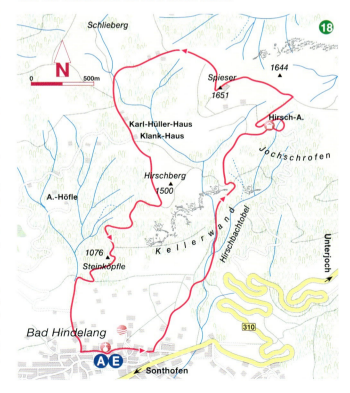

Nach oben hin wird der Hirschbachtobel immer steiler und zwingt uns, nach rechts auszuweichen.

Rund aus grauen Felsen, das der weiße Gischtstreifen eines mächtigen Wasserfalls überzieht. Der Steig weicht jetzt in den rechten Talhang aus und wir gewinnen schnell an Höhe. An steilen und abschüssigen Stellen sorgen Drahtseile für Sicherheit. Bald liegt das Felsamphitheater des Hirschbachtobels unter uns. Das Gelände wird wieder flacher und durch Wald steigen wir zu einem herrlichen Aussichtsplatz empor. Im Süden ragt über dem Ostrachtal die Felspyramide des Hochvogels auf und im Westen reicht der Blick bis zur kahlen Felsfläche des Gottesackerplateaus.

Über die Hirsch-Alpe zum Spieser
Wenige Meter oberhalb des Aussichtsplatzes treffen wir auf eine Forststraße, der wir nur wenige Meter folgen. Dann zweigt links ein Wander-weg ab, der uns durch den Wald zu einer Wegkreuzung am Rand einer Alpweide bringt. Ist man in Zeitnot, kann man von hier geradeaus zum nahen Hirschberg wandern. Wir biegen jedoch rechts auf den Weg ab, der über einen aussichtsreichen Almwiesenrücken bergan führt. Links vor uns befindet sich unser nächstes Ziel, der Spieser, aus dessen schütter bewaldeter Südflanke bizarre Felstürme ragen. Vor einer mit einem Kreuz geschmückten Kuppe treffen wir auf einen breiteren Weg, der uns rechts zur Hirsch-Alpe bringt.

An der Kreuzung neben der Alpe bieten sich zwei Weiterwege an. Links kann man an einem Kreuz vorbei zur Südflanke des Spiesers steigen und dann von einer Weggabelung rechts haltend über den bewaldeten Südwestrücken den Gipfel erklimmen. Wir gehen jedoch geradeaus bergauf zum Steinpasssattel, halten uns dort links und wandern über aussichtsreiche Bergwiesen und den Ostrücken zum Gipfelkreuz des Spiesers (1651 m) hinauf. Schier grenzenlos scheint von hier oben der Blick in alle Richtungen.

Über die Hochfläche zum Hirschberg
Vom Kreuz folgen wir einem steinigen Steig, der am Westrücken bergab verläuft. Er schwenkt bald nach rechts und führt uns durch die Nordflanke des Spiesers in einen breiten Wiesensattel. Wir treffen auf einen Querweg, der uns rechts haltend zum tiefsten Punkt des Sattels leitet. Ein Übertritt hilft über einen Zaun und anschließend ein Bohlenweg zu einer Weggabelung. Wir halten uns links und folgen dem Bohlenweg, der uns an verfallenen Hütten vorbei in den Wald führt. Die roten Markierungen leiten uns in eine sumpfige Talmulde, in der verstreut kleine Heustadel stehen. Entlang den Markierungsstangen wandern wir durch das feuchte Gelände zu ei-

---

ALLGÄUER SPEZIALITÄTEN IN GAILENBERG

Kurz vor Ende der Wanderung führt uns der Weg durch den Hindelanger Ortsteil Gailenberg. Dort kann man in den gemütlichen, in einem Bauernhaus aus dem 18. Jahrhundert untergebrachten Gailenberger Stuben (Tel. 08324/25 33) dank deftiger regionaler Kost nach der anstrengenden Tour neue Kräfte schöpfen.

ner Alphütte am gegenüberliegenden Hang. Dort setzt ein breiter Weg an, der uns links auf einen Waldrücken führt. An der nächsten Wegkreuzung gehen wir geradeaus und wandern an der Karl-Hüller-Hütte vorbei abwärts bis zur Klank-Hütte. Wir verlassen hier geradeaus die nach rechts abknickende Alpstraße und folgen einem schmalen Steig, der uns über einen Wiesensattel und einen bewaldeten Bergrücken auf den Hirschberg bringt. Wir überschreiten den unauffälligen höchsten Punkt und steigen zum großen Kreuz auf dem Vorgipfel des Hirschbergs (1479 m) ab. Tief unter uns liegt Bad Hindelang und ein letztes Mal auf diesem Weg können wir die freie Sicht auf die Allgäuer Bergwelt genießen.

Abstieg nach Bad Hindelang Direkt am Kreuz schwenkt der schmale, steinige Steig nach rechts und läuft in unzähligen Kehren durch den steilen Waldhang abwärts. An einer ersten Wegkreuzung gehen wir geradeaus zu einer zweiten, an der von links der im Hirschbachtobel abzweigende Kellerwandweg dazukommt. Rechts haltend steigen wir durch den Südhang des Steinköpfles zu einem breiten Querweg hinab, an dem wir wieder auf den »Geologischen Lehrpfad Hindelang« treffen. Unterhalb setzt ein Weg an, der

uns rechts haltend in ein Tal bringt. Vor dem Bach halten wir uns links und wandern an einigen Rückhaltebecken vorbei zu einer schmalen Teerstraße hinab. Sie führt uns links zu den ersten Häusern von Bad Hindelang. Wir folgen geradewegs der Gailenbergstraße abwärts, bis wir an ihrem Ende links zur Kirche im Ortszentrum von Hindelang gelangen.

Herbstlicher Dunst füllt die Täler, über denen die Hochgipfel der Allgäuer Alpen aufragen.

3.15 Std.   6 km   je 670 m

WEGVERLAUF

Hinterstein – Zipfelsbachfälle – Zipfels-Alpe – Zipfelsbachfälle – Hinterstein

CHARAKTER

Auf der ersten Hälfte des Anstieges folgt der steile, steinige, aber gut zu begehende Weg den zahlreichen Kaskaden der Zipfelsbachfälle und bietet immer wieder herrliche Nahblicke auf die Wasserfälle und beeindruckende Tiefblicke auf Hinterstein. Im oberen Teil nimmt die Steigung ab und der Weg führt in einem weiten Bogen zur bewirtschafteten Zipfels-Alpe, an der sich beschaulich rasten lässt.

AUSGANGS- UND ENDPUNKT

Die Kirche im Dorfzentrum von Hinterstein.

ANFAHRT

Mit dem Pkw auf der B 308 zum Kreisverkehr westlich von Bad Hindelang und von dort der Beschilderung folgend auf schmaler Straße entlang der Ostrach nach Hinterstein. Sind die Parkplätze rund um die Kirche von Hinterstein belegt, parkt man am besten auf dem großen Wanderparkplatz am südlichen Ortsende. Von dort muss man ca. 700 Meter durch den Ort zur Kirche zurückgehen. Gute Busverbindungen von Sonthofen (Bahnanschluss) über Bad Hindelang nach Hinterstein.

GEHZEITEN

Hinterstein – Zipfels-Alpe 2 Std – Hinterstein 1.15 Std.

BESTE JAHRESZEIT

Juni bis Oktober

KARTE

Topografische Karte 1:50 000 des Bayer. Landesvermessungsamtes, Blatt Allgäuer Alpen.

EINKEHR

In Hinterstein und in der Zipfels-Alpe.

INFORMATION

Gästeinformation Bad Hindelang,
Am Bauernmarkt 1, 87541 Bad Hindelang,
Tel. 08324/89 20, Fax 08324/80 55,
E-Mail: info@hindelang.net,
www.bad-hindelang.info

In zahlreichen malerischen Kaskaden und Wasserfällen stürzt der Zipfelsbach über die steilen Hänge des Ostrachtales.

Bei Bad Hindelang knickt das Tal der Ostrach nach Süden ab und drängt sich zwischen die Hochgipfel der östlichen Allgäuer Alpen. Man kann auf einer schmalen Straße entlang dem Fluss das kleine Dorf Hinterstein erreichen, dessen teils mit Schindeln gedeckten Häuser weit verstreut im Tal liegen. Im Mittelalter wurde in den Hängen rund um das Dörfchen Erz abgebaut und Hammerwerke und Schmieden bestimmten das Ortsbild. Von dieser industriellen Vergangenheit ist jetzt nichts mehr zu bemerken. Heute steht die herrliche Landschaft im hinteren Ostrachtal im Blickpunkt und lockt zahlreiche Touristen nach Hinterstein. Besonders eindrucksvoll ist der Blick von der kleinen Kirche auf die steilen Hänge im Nordosten. Dort rauscht der Zipfelsbach in zahlreichen Kaskaden durch den Wald

direkt ins Dorfzentrum. An der Kirche beginnt ein wundervoller Wanderweg, der dem Lauf der Wasserfälle folgt und so einen malerischen Weg zur Zipfels-Alpe öffnet, an der es sich herrlich rasten lässt.

Der Weg entlang der Kaskaden Wenige Meter neben der Kirche von Hinterstein rauscht der Zipfelsbach durch das kleine Dorf. Hier finden wir links neben dem Feuerwehrhaus den Beginn des Steiges, der uns zu den nahen Wasserfällen hinaufführt. Er verläuft links des Baches am Rand einer Wiese bergwärts zu einer Weggabelung und dann schon recht steinig und steil zum untersten Wasserfall hinauf. Über eine hohe Felsstufe rauscht er in ein kleines Becken und anschließend über erodierte Felsen weiter talwärts. Durch den steilen Waldhang links des Baches führt uns der schmale, aber gut angelegte Steig weiter bergauf. Bald ist die herrliche zweite Kaskade erreicht, die über überhängende Felsen in ein grünes Wasserbecken stürzt. Eine Weg zweigt hier rechts ab und führt auf einer Metallbrücke über den Bach. Wer am großen Wanderparkplatz am Ortsende von Hinterstein geparkt hat, der kann später für den Rückweg diesem Steig folgen, der oberhalb des Dorfes zurück zum Parkplatz leitet. Wir bleiben hier aber links des Baches und folgen dem schmalen Steig, der uns vorbei an der Absturzkante des Wasserfalls nach oben führt. Anschließend holt er ein Stück nach links aus, um eine Felsstufe zu umgehen, und bietet uns eindrucksvolle Tiefblicke auf Hinterstein. Bald jedoch führt der Weg zurück zum Bach, den wir bei einem weiteren herrlichen Wasserfall wieder erreichen. Zahlreiche Kaskaden und Wasserbecken glitzern hier in der Nachmittagssonne.

In weitem Bogen zur Zipfels-Alpe Der Weg windet sich jetzt in Serpentinen durch den Wald aufwärts und bietet noch einige Einblicke in die Bachschlucht, ehe er sich endgültig nach links hinaufwendet. Nach einem dichteren Waldstück öffnet sich der Blick nach oben und unser Ziel, die Zipfels-Alpe ist zum ersten Mal zu sehen. Der Steig verlässt den Wald und quert in weitem Bogen durch die freien Hänge an der Nordseite des Tales, bis wir den Talgrund erreichen. An dieser Stelle knickt er nach rechts und führt uns über die

Alpweiden zur Zipfels-Alpe (1534 m) hinauf, an der sich herrlich rasten und einkehren lässt.

Wer noch nicht ausgelastet ist, der kann von der Alpe aus auf gut zu begehenden Wegen den Iseler (1876 m) oder den Bschießer (2006 m) problemlos besteigen. Wir begnügen uns jedoch mit dem wundervollen Weg entlang den Zipfelsbachfällen, auf dem wir auch wieder nach Hinterstein absteigen.

Nach einem Waldstück öffnet sich unvermittelt der Blick zu den Bergwiesen an der Zipfels-Alpe.

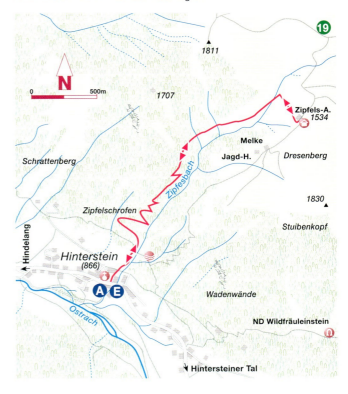

20 Von Vorderburg zum Falkenstein
Kleiner Berg mit großer Aussicht

3.30 Std. 10,5 km je 430 m

WEGVERLAUF
Vorderburg – Ruine Vorderburg – Hinterberg – Falkenstein – Hinterberg – Vorderburg

CHARAKTER
Eine einfache Tour auf Wander- und Wirtschaftswegen, die gut mit Kindern unternommen werden kann. Während der gesamten Wanderung bieten sich immer wieder herrliche Ausblicke in das Alpenvorland und zu den Hochgipfeln der Allgäuer Alpen.

AUSGANGS- UND ENDPUNKT
Der Parkplatz bzw. die Bushaltestelle im Vorderburger Ortsteil Großdorf.

ANFAHRT
Mit dem Pkw entweder aus dem Illertal (B 19) über Rettenberg oder von Oy-Mittelberg (A 7) über Wertach nach Kranzegg und dort auf die Nebenstraße, die nördlich nach Vorderburg und Großdorf führt. Ausgangspunkt ist der Wanderparkplatz gegenüber der Bäckerei Wörle. In Großdorf Bushaltestelle der Linie Immenstadt–Wertach.

GEHZEITEN
Vorderburg – Hinterberg 1.30 Std. – Falkenstein 0.30 Std. – Vorderburg 1.30 Std.

BESTE JAHRESZEIT
Frühjahr bis Spätherbst

KARTE
Topografische Karte 1:50 000 des Bayer. Landesvermessungsamtes, Blatt Kempten.

EINKEHR
In Hinterberg und Großdorf.

INFORMATION
Gästeinformation Rettenberg, Burgberger Str. 15, 87549 Rettenberg, Tel. 08327/930 40, Fax 08327/93 04 29, E-Mail: tourist-info@rettenberg.de, www.rettenberg.de

Nördlich des Grünten erstreckt sich ein lang gezogener Vorgebirgsrücken, der zu einer gemütlichen Familientour einlädt. Nach einem kurzen Anstieg wird die Ruine Vorderburg erreicht, die das nördlich gelegene Rottachtal überwachte. Dort verlief die »Alte Salzstraße«, auf der im Mittelalter das »Weiße Gold« in Richtung Bodensee transportiert wurde. Von der Ruine folgen wir dem Bergrücken bis zum steil abfallenden Nagelfluhkamm des Falken, der in den Karten unter dem Namen »Auf dem Falken« verzeichnet ist. Von dort öffnet das Illertal einen tiefen Einblick in das Allgäuer Hochgebirge.

Zur Ruine Vorderburg Vom Wanderparkplatz in Großdorf gehen wir auf der Hauptstraße wenige Meter nach rechts und biegen dann links in den »Kapellenweg« ein. Wir folgen nach wenigen Metern den Wegweisern zur Burgruine nach rechts und halten uns an der Weggabelung nach der Kapelle links. Nun gehen wir zwischen den Höfen zu einer Querstraße und finden rechts neben einem altem Haus mit bemalter Fassade die Fortsetzung unseres Weges. An der folgenden Gabelung wandern wir geradeaus. Der Weg schwenkt bald nach rechts und führt uns zu einer Wiese. Vor einem Zaun wechseln wir links auf einen schmalen Steig, der uns problemlos durch den steilen Hang zur Ruine Vorderburg (1022 m) hinaufbringt.

Über den breiten Höhenrücken zum Falkenstein Von der Ruine erreichen wir nach kurzer Strecke einen am nördlichen Steilabfall errichteten Aussichtspavillon. Wir folgen den Wegweisern zum Falkenstein auf einem schmalen Pfad, der uns zu einer Wegkreuzung führt. Bald wandern wir über die aussichtsreichen Wiesen geradewegs aufwärts und dann oberhalb von Brackenberg am Waldrand entlang zu einem Feldweg. Nach wenigen Metern führt ein Weg rechts zu einer nahen Forststraße, der wir

ALLGÄUER SCHMANKERL
Fürs leibliche Wohl wird in Vorderburg im »Gasthaus Hirschen« (Tel. 08327/70 53) gesorgt, das seine Gäste mit Allgäuer Küche verwöhnt. Oder man fährt ins nahe Brauerei-Dorf Rettenberg und probiert dort im Brauereigasthof Engel (Tel. 08327/206) ein Allgäuer Schmankerl und ein Engel-Bier.

Über Vorderburg geht der Blick zu den sanften Bergen am Alpenrand.

am Rückweg links nach Brackenberg folgen werden.

Wir halten uns hier jedoch rechts und wandern durch den Wald. Nach einigen Minuten biegen wir links auf einen Steig ab, der uns über den Kamm auf eine Wiese führt. Ein schmaler Weg bringt uns über den Wiesengrund zu einem Aussichtsplatz mit Bank. Wir ersteigen links haltend den höchsten Kamm und folgen der Wegspur, die am Bergrücken entlangläuft. Wir überqueren einen Weg und wechseln nach wenigen Minuten auf einen Feldweg, der uns zu einer Wegkreuzung bringt. Auf breitem Weg wandern wir links ins nahe Hinterberg.

Hinter dem ersten Bauernhof biegen wir rechts in einen Wirtschaftsweg ein, halten uns an der ersten Gabelung links und an der zweiten rechts. Nach wenigen Metern setzt links ein Steig an, der uns durch den Wald aufwärts zum Bergrücken führt. Über den teils felsigen Weg erreichen wir nun auf dem schmalen, aus Nagelfluhgestein aufgebauten Kamm das Kreuz auf dem aussichtsreichen Falkenstein (»Auf dem Falken«, 1115 m).

Zurück nach Großdorf Vom Falkenstein wandern wir auf dem bekannten Weg zur erwähnten Kreuzung oberhalb von Brackenberg. Wir folgen geradewegs dem nach Brackenberg ausgeschilderten Wirtschaftsweg in den nahen Weiler. Dort wechseln wir auf eine schmale Teerstraße, gehen nach kurzer Strecke geradeaus und vom letzten Hof auf einem Feldweg abwärts. Die Wegweiser nach Vorderburg leiten uns über die Wiesen zum Ortsrand von Großdorf. Wir gehen auf einem Teer-

sträßchen rechts abwärts und biegen an der nächsten Kreuzung nach links. Nach wenigen Metern wandern wir rechts ins nahe Dorfzentrum von Großdorf hinab.

ABSTECHER NACH EMMEREIS

Kulturinteressierte sollten bei der Anfahrt nach Großdorf einen Zwischenstopp im Vorderburger Ortsteil Emmereis einlegen. Unübersehbar steht dort nahe der Straße die Kapelle St. Nikolaus, eines der ältesten Gotteshäuser im Allgäu.

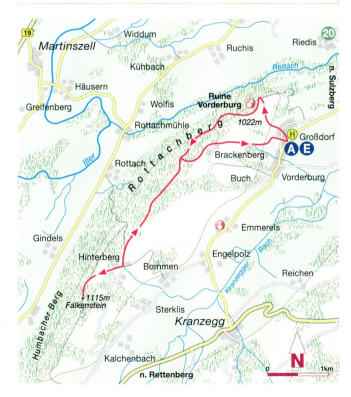

5.15 Std. 11 km je 1050 m

WEGVERLAUF
Winkel – Grüntenhaus – Übelhorn – Schwandalpe – Gasthof Alpenblick – Starzlachklamm – Winkel

CHARAKTER
Eine teils anstrengende, aber nicht übermäßig schwierige Bergtour auf schmalen Steigen und Alpwegen. Vom Grünten bieten sich herrliche Ausblicke zum Hochgebirge und über das Alpenvorland. Zum Abschluss der Tour sorgt die enge, schattige Starzlachklamm für eine erfrischende Abkühlung. Wer eine weniger lange und trotzdem eindrucksvolle Kurztour unternehmen will, der kann von Winkel aus direkt die Starzlachklamm durchwandern und zum Beispiel den schön gelegenen Gasthof Alpenblick als Umkehrpunkt wählen.

AUSGANGS- UND ENDPUNKT
Der Parkplatz am Eingang zur Starzlachklamm im Sonthofener Ortsteil Winkel.

ANFAHRT
Mit dem Pkw in Sonthofen von der B 308 auf die schmale, nach Winkel und Berghofen ausgeschilderte Straße abbiegen und zum Wanderparkplatz in Winkel. Vom Bahnhof Sonthofen mit Bus Richtung Burgberg bis zur Haltestelle Starzlachstr. und an der Starzlach entlang nach Winkel.

GEHZEITEN
Winkel – Grüntenhaus 2.45 Std. – Übelhorn 0.30 Std. – Gasthof Alpenblick 1.30 Std. – Winkel 0.30 Std.

BESTE JAHRESZEIT
Mitte Juni bis Oktober

KARTE
Topografische Karte 1:50 000 des Bayer. Landesvermessungsamtes, Blatt Allgäuer Alpen.

EINKEHR
Im Grüntenhaus, Schwandalpe, Gasthof Alpenblick, Klammkiosk und in Winkel.

INFORMATION
Gästeamt Sonthofen, Rathausplatz 1, 87527 Sonthofen, Tel. 08321/61 52-91 oder -92, Fax 08321/61 52 93, E-Mail: gaesteinfo@sonthofen.de, www.sonthofen.de

Hoch über dem Illertal ragt am Nordrand der Alpen der markante Grünten auf, der dank seiner isolierten Lage zu den vortrefflichsten Aussichtsbergen im Allgäu zählt. Durch das tief eingeschnittene Illertal geht der Blick zu den Hochgipfeln im Herzen der Allgäuer Alpen und im Norden werden an klaren Herbsttagen die endlosen Weiten erst von den Höhen der Albberge begrenzt. Vorbei an bewirtschafteten Alpen führt der aussichtsreiche Abstieg zur herrlichen Starzlachklamm, die den Abschluss und Höhepunkt der Tour bildet. Tief hat sich hier die Starzlach in die geologisch interessanten Felsformationen am Südfuß des Grünten geschnitten. Ein schmaler Steig, der Groß und Klein begeistert, erschließt die erfrischend kühle Schlucht.

Der lange Anstieg zum Grüntenhaus Vom Parkplatz im Sonthofener Ortsteil Winkel gehen wir kurz auf dem breiten Weg in Richtung Starzlachklamm. Eine Brücke führt uns über den Fluss und nach wenigen Metern biegen wir links in einen Wanderweg, der am rechten Ufer talauswärts führt. Bald stoßen wir auf einen Kiesweg, der durch den Wald recht steil zu einer Wiese ansteigt. Wir folgen einer deutlichen Wegspur, die uns über die aussichtsreichen Wiesen bergan führt. Am oberen Ende der Weideflächen geht es neben einer Bank in den Wald. Über eine Kuppe steigen wir zur Teerstraße, die von Burgberg zum Gasthof Alpenblick führt. Wer die Tour

Am Grüntenhaus liegt das Illertal schon tief unter uns.

DIE STARZLACHKLAMM

Nordöstlich von Sonthofen liegt zwischen Grünten, Wertacher Hörnle und Tiefenbacher Eck ein waldreiches Tal, das von der Starzlach entwässert wird. Kurz bevor das Flüsschen das breite Illertal erreicht, zwängt es sich beim Weiler Winkel in einer engen Schlucht durch tertiäre Gesteinsschichten. Mit Hilfe von Stegen und einem Tunnel erschließt ein herrlicher Weg die Starzlachklamm, die bei Geologen aufgrund der zahlreichen hier zu findenden Versteinerungen bekannt ist. Teile der Felsen sind aus großen Einzellern, so genannten Nummuliten, aufgebaut. Im Tertiär bevölkerten diese Tiere, deren Versteinerungen im Volksmund Pfennigsteine genannt werden, ein warmes Meer. Zur gleichen Zeit lebte auch die Krabbenart, deren versteinertes Gehäuse zum ersten Mal an der Starzlach entdeckt wurde. Nach dem Fundort erhielt das Tier, das heute im »Sonthofener Heimathaus« ausgestellt ist, den Namen »Cancer sonthofensis«.

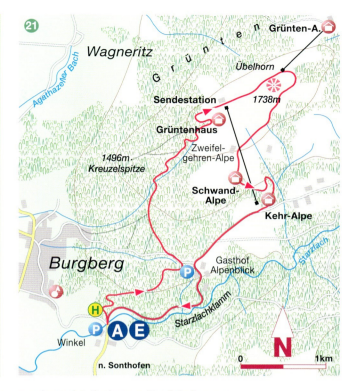

abkürzen möchte, der erreicht rechts auf der Straße nach wenigen Metern den Gasthof.

Wir haben uns mehr vorgenommen und wandern auf dem Teersträßchen einige hundert Meter links hinab, bis wir am Rand einer Wiese dem Wegweiser zum Grünten rechts auf eine breite Forststraße folgen. Auf ihr steigen wir zunehmend steiler bergan. Von links kommen mehrere Wanderwege von Burgberg herauf, und nach einigen Kehren überqueren wir den Bach, der in einer breiten Talmulde über die Südosthänge des Grünten herabplätschert.

Nach kurzer Strecke biegen wir rechts in einen grobschottrigen, zum Grünten ausge-

Auf dem höchsten Punkt des Grünten, dem Übelhorn, steht seit 1924 zu Ehren der Gebirgsjäger das »Jägerdenkmal«.

Zwischen Felsblöcken windet sich der Weg vom »Gasthof Alpenblick« zur Starzlachklamm hinab.

Drahtseilen gesicherte Steig, auf dem man in zirka 10 Minuten den Gipfel erreicht, sollte daher nur von trittsicheren Bergsteigern unternommen werden. Alle anderen folgen geradeaus dem breiten Alpweg, der über die Weiden zum Grüntenhaus hinaufführt.

Der Gipfelgang zum Grünten Nach einer verdienten Rast folgen wir am Haus dem Wegweiser zum Grünten und queren in westlicher Richtung durch die Alpwiesen zu einem bewaldeten Bergkamm. Auf dem Kamm steigen wir auf teils felsigem Steig bis zum Gelände der großen Sendestation hinauf. An der Weggabelung halten wir uns links, wandern am 90 Meter hohen Sendemast vorbei und unter der Bergstation der nicht öffentlichen Seilbahn hindurch. Vor uns liegt nun das Jägerdenkmal auf dem höchsten Punkt des Grünten, der den Namen Übelhorn (1738 m) trägt. In wenigen Minuten erreichen wir das mächtige, 1924 zu Ehren der Gebirgsjäger eingeweihte Denkmal. Vom Gipfel, der seine Nachbarn deutlich überragt, bietet sich eine überwältigende Aussicht nach allen Seiten. Im Westen, Süden und Osten türmen sich zahllose Bergkämme hintereinander auf. Lange lässt sich hier dank der schier unbegrenzten Auswahl das beliebte Gipfelraten spielen. Im Norden dagegen bietet sich von unserem Gipfel, der in vorderster Reihe am Alpenrand aufragt, ein grenzenloser Ausblick über das Alpenvorland, das uns zu Füßen liegt. Lange hält uns dieser Rundblick gefangen, ehe wir den Abstieg beginnen.

Der Abstieg über die Südflanke des Grünten Vom Denkmal folgen wir in nordöstlicher Richtung dem nur anfangs etwas felsigen Gipfelkamm. Auf dem nach Rettenberg und Kranzegg ausgeschilderten Weg steigen wir wenige Minuten abwärts, bis wir zur nahen Bergstation der Grüntenlifte hinabsehen können. Hier wenden wir uns nach rechts und folgen einem Steig in einen Wiesensattel. Im Sattel knickt der Steig nach rechts ab und quert fallend den steilen Südhang des Grünten. Oberhalb bizarrer Felsnadeln führt uns der schmale Weg zur Zweifelgehren-Alpe, die sich über einer steil abfallenden Felswand an einen schmalen Kamm klammert. Von der Alpe wandern wir in gleich bleibender Richtung abwärts und erreichen am Rand der Wei-

schilderten Weg ein, der anfangs recht steil bergauf verläuft. In Kehren steigt anschließend der breite Weg unterhalb der Steilabbrüche des Burgberger Hörnles, das auf der Karte den Namen Kreuzelspitz trägt, bergan. Bald wechseln wir geradeaus auf einen schmalen Steig und überqueren nach wenigen Metern den Bach. Auf schönem Weg steigen wir durch den Wald aufwärts und queren ein weiteres Mal den Bach. In Serpentinen geht es jetzt zum Zaun hinauf, der die Alpweiden unterhalb des Grüntenhauses begrenzt. An dieser Stelle zweigt links der Steig zum Burgberger Hörnle ab, dessen kreuzgeschmückter Gipfel wie eine Aussichtskanzel weit ins Illertal vorgeschoben ist. Durch das tief eingeschnittene Tal geht der Blick ungehindert nach Süden bis zu den Hochgipfeln der Allgäuer Alpen. Dieser Abstecher führt jedoch durch steiles Gelände – der teils mit

den den Weg, der vom Grüntenhaus herab-
kommt. Auf ihm wandern wir links hinab zur
aussichtsreichen Schwand-Alpe, auf der man
im Sommer einkehren kann. Wer zur rechten
Zeit kommt, kann beim Käsen zusehen, da
die Schwand-Alpe eine der wenigen Allgäuer
Alpen ist, auf der noch Käse hergestellt wird.
Immer den Schildern nach Burgberg folgend
wandern wir von der Alpe durch die Weiden
abwärts und erreichen nach einem kurzen
Waldstück nahe der Alpe Kehr eine geteerte
Alpstraße. Wir biegen rechts auf die Straße
ein, mit der wir nach zirka einer Viertelstunde
den Gasthof Alpenblick erreichen. Auch hier
lässt sich natürlich einkehren und die herrliche Aussicht genießen.

Durch die malerische Klamm In der Nähe
des Gasthofes biegt der zur Starzlachklamm
ausgeschilderte Weg von der Teerstraße ab.
Wir folgen anfangs einem Feldweg, der bald
nach links schwenkt und in einen Wanderweg
übergeht. Über Wiesen geht es jetzt an den
Rand des Starzlachtales, in das steile Waldhänge abfallen. Der gut ausgebaute Weg
führt uns links unter den überhängenden
Wänden eines Klettergartens bergab und
windet sich dann zwischen Felstürmen abwärts in den Talgrund. Wir lassen einen ersten
Steg, der über die Starzlach führt, links liegen.
Weiter geht es geradewegs in die Starzlachklamm, deren kühle Frische nach dem sonnigen Abstieg über die Südflanke des Grünten
wieder die Lebensgeister weckt. In einem
düsteren Tunnel umgehen wir einen Wasserfall, ehe sich die Schlucht wieder weitet. Vor
der engsten Stelle bringt uns ein Steg an die
linken Schluchtwände, in die der schmale
Steig gesprengt ist. Bald wechseln wir oberhalb mächtiger Strudellöcher, in denen das
Wasser unergründlich und geheimnisvoll
leuchtet, wieder an den rechten Hang. Der
Weg führt nun über teils glatt geschliffene
Felsen an der Starzlach entlang, die die Gesteinsschichten zu bizarren Kunstwerken modelliert hat. Bald ist das Kassenhäuschen erreicht, neben dem ein überdachter Brotzeit-
platz in ein geräumiges Strudelloch gebaut
wurde, das der Fluss vor Jahrtausenden oberhalb der heutigen Talsohle geschürft hat. Wir
steigen wenige Meter abwärts an den Rand
eines großen Wasserbeckens, in das aus der
Klamm ein malerischer Wasserfall rauscht.

Hier entscheiden wir uns an der Gabelung für
den schmalen linken Weg, der noch ein Stück
der Starzlach folgt. Wir treffen bald auf einen
Wirtschaftsweg, auf dem wir talauswärts zur
Brücke wandern, die uns zum nahen Wanderparkplatz in Winkel zurückbringt.

*Stege und ein schma-
ler, felsiger Weg füh-
ren uns durch den
engsten Abschnitt der
Starzlachklamm.*

ALLGÄUER KÄSE

Bis in das 19. Jahrhundert wurde die Landwirtschaft im Allgäu
dominiert von Flachsanbau in den Tallagen und der Fleischpro-
duktion auf den Alpen. Erst auf Betreiben von Carl Hirnbein
wurde auf Milchwirtschaft umgestellt. Er brachte aus der Schweiz
und aus Holland das Wissen um die Herstellung haltbarer Käse-
sorten mit und veränderte so das Gesicht des Allgäus. Die Käserei
auf den Alpen wurde zwar weitgehend zu Gunsten industrieller
Produktion aufgegeben, doch die satten Weiden für das Milch-
vieh bestimmen bis heute das liebliche Bild des grünen Allgäus.

22 Sonnenkopf und Schnippenkopf
Stille Blumentour über dem Illertal

5.15 Std. 11 km 1000 m

WEGVERLAUF
Schöllang – Eybachtobel – Entschenalpe – Sonnenkopf – Schnippenkopf – Falkenalpe – Entschenalpe – Schöllang

CHARAKTER
Eine lange Wanderung auf großteils schmalen Wegen, die im unteren Teil durch einen wilden Bachtobel führt. Die Gipfelrunde über den blumenreichen Bergkamm der Sonnenköpfe und des Schnippenkopfes begeistert durch herrliche Ausblicke.

AUSGANGS- UND ENDPUNKT
Das Ortszentrum von Schöllang oder eine Parkbucht oberhalb des Ortes an der Straße von Oberstdorf nach Sonthofen.

ANFAHRT
Mit dem Pkw auf der B 19 bis Fischen und von dort über die Iller nach Schöllang. Oder auf der Verbindungsstraße, die östlich der Iller von Sonthofen über Altstädten nach Oberstdorf führt, bis zu einer östlich oberhalb von Schöllang gelegenen Parkbucht. Busverbindung nach Schöllang von Sonthofen, Fischen und Oberstdorf, wo sich jeweils eine Bahnstation befindet.

GEHZEITEN
Schöllang – Entschenalpe 1.45 Std – Sonnenkopf 1 Std. – Schnippenkopf 0.30 Std. – Entschenalpe 1 Std. – Schöllang 1 Std.

BESTE JAHRESZEIT
Mitte Juni bis Oktober

KARTE
Topografische Karte 1:50 000 des Bayer. Landesvermessungsamtes, Blatt Allgäuer Alpen.

EINKEHR
Auf der Falkenalpe und in Schöllang.

INFORMATION
Gästeservice Fischen, Am Anger 15, 87538 Fischen i. Allgäu, Tel. 08326/364 60, Fax 08326/36 46 56, E-Mail: info@fischen.de, www.fischen.de

Ein lang gezogener Bergkamm verläuft vom Nebelhorn nach Norden und trennt das Rettenschwanger Tal vom Illertal. Der Sattel, in dem die Falkenalpe liegt, spaltet den Kamm in zwei unterschiedliche geologische Zonen. Südlich liegen steile, aus Hauptdolomit aufgebaute Felsgipfel. Über den nördlich anschließenden sanfteren Flyschkamm der Sonnenköpfe, der durch Blumenreichtum begeistert, führt uns diese herrliche Panoramatour.

Durch den Eybachtobel zur Entschenalpe Von der Kirche in Schöllang gehen wir kurz in südlicher Richtung durch den Ort und biegen dann scharf links in die »Sonnenkopfstraße« ein. Vor den letzten Häusern halten wir uns rechts und gehen unter der Hauptstraße hindurch zu einer Wegkreuzung. Links von einer Schranke liegt die Parkbucht, an der Autofahrer die Tour starten können. Wir folgen dem Sträßchen jedoch rechts aufwärts und biegen bald links auf einen schmalen Weg ab. Wir wandern am Eybach aufwärts, überqueren neben einer Brücke ein Teersträßchen und folgen dem »Eybachtobelweg«. Er führt anfangs rechts am malerischen Wildbach entlang. Nach einem Brückchen geht es auf einem schmalen, abschüssigen Steig links an einem Wasserfall vorbei.

Kurz nach einer großen Wildbachverbauung windet sich der Weg in Serpentinen durch den steilen Hang zu einem Waldweg hinauf. Wir gehen wenige Meter nach rechts und biegen dann links auf einen wurzeligen Steig, der uns durch Wald und über eine steile Alpweide zu einer Teerstraße hinaufbringt. Auf ihr wandern wir rechts aufwärts und biegen noch vor der Entschenalpe links auf einen breiten, zu den Sonnenköpfen ausgeschilderten Weg.

Über den Sonnenkopf zum Schnippenkopf Wir folgen nun teils auf schmalem Steig, teils auf einem groben Forstweg immer den Wegweisern

zu den Sonnenköpfen, die uns durch den steilen Waldhang auf einen Bergkamm führen. Hier wendet sich unser Weg nach rechts und bringt uns zum Kreuz auf dem aussichtsreichen Sonnenkopf (1713 m). Im Frühsommer blühen am Kamm die Bergwiesen in allen erdenklichen Farben und der Naturliebhaber kann dort so manche seltene Pflanze entdecken.

Wir folgen dem Kammweg nach rechts. Vor dem nächsten Aufschwung geht es entweder rechts in gleich bleibender Höhe durch den Waldhang oder geradewegs über den Heidelbeerkopf (1767 m). Im folgenden Sattel treffen beide Wege wieder zusammen. Anschließend folgt ein letzter steiler Anstieg und eine etwas heikle Querung führt uns durch einen steilen Grashang, ehe wir das Kreuz und die Bank auf dem Gipfel des Schnippenkopfs (1833 m) erreichen. Von hier haben wir einen herrlichen Blick über den Kamm, den wir heraufgekommen sind, nach Norden. Und im Süden bauen sich vor uns die dunklen Nord-

flanken der Nebelhorn- und Daumengruppe auf.

Der lange Abstieg nach Schöllang Vom Gipfel des Schnippenkopfs folgen wir dem sanft nach Süden abfallenden Bergkamm, bis der Steig nach links abknickt und uns steil zur bewirtschafteten Falkenalpe hinabführt. Wir steigen von der Alpe geradewegs zu einer nahen Wegkreuzung und von dort rechts haltend zum Waldrand.

An dieser Stelle biegen wir rechts auf den schmalen, nach Schöllang ausgeschilderten Weg, der uns in gleich bleibender Höhe über Weiden und durch Wald zu einem Bergsattel bringt. Jenseits schlängelt sich der Steig zu den Weiden der Entschenalpe hinab. Wir treffen auf ein Alpsträßchen, auf dem wir rechts an den Alphütten vorbei zum morgendlichen Anstiegsweg wandern. Ein kurzes Stück geht es auf dem Teersträßchen abwärts, ehe wir links auf dem »Eybachtobelweg« nach Schöllang absteigen.

Der Abstieg vom Schnippenkopf läuft auf das markante Rubihorn zu, das über Oberstdorf aufragt.

23 Bergseen am Weg zum Großen Daumen
Panoramaweg am Nebelhorn

● 🕐 🏃 ⛰🚌 ☺
3.30 Std. 9 km je 450 m

WEGVERLAUF
Nebelhornbahn – Koblatweg – Großer
Daumen – Nebelhornbahn

CHARAKTER
Der Weg über das so genannte Koblat zum
Großen Daumen ist eine häufig begangene
alpine Wanderung auf steinigen Pfaden, die
herrliche Ausblicke bietet. Für diese Wanderung sollte man ein wenig mit den Verhältnissen im Hochgebirge vertraut sein und
keinesfalls bei unsicheren Wetteraussichten
losmarschieren. Am Weg liegen einige
kleine Bergseen, die sich als romantische
Rastplätze anbieten.

AUSGANGS- UND ENDPUNKT
Die Bergstation (Station Höfatsblick, 1932 m)
der Nebelhornbahn (Seilbahninfo
Tel. 0700/5 55 33 66, aus Österreich
0820/94 94 99).

ANFAHRT
Mit dem Auto auf der B 19 durch das Illertal
nach Oberstdorf. Die ausgeschilderte Talstation der Nebelhornbahn liegt am südöstlichen Ortsrand von Oberstdorf. Oberstdorf
ist mit der Bahn und mit verschiedenen Buslinien hervorragend zu erreichen.

GEHZEITEN
Bergstation Nebelhornbahn – Laufbichelsee
1.15 Std. – Großer Daumen 0.45 Std. – Bergstation Nebelhornbahn 1.30 Std.

BESTE JAHRESZEIT
Mitte Juni bis Oktober

KARTE
Topografische Karte 1:50 000 des Bayer. Landesvermessungsamtes, Blatt Allgäuer Alpen.

EINKEHR
An der Bergstation der Nebelhornbahn.

INFORMATION
Tourismus & Sport Oberstdorf, Marktplatz 7,
87561 Oberstdorf, Postfach 13 20,
87553 Oberstdorf, Tel. 08322/70 00,
Fax 08322/70 02 36, E-Mail:
info@oberstdorf.de, www.oberstdorf.de

*Hoch über dem kleinen Koblatsee führt
am gezackten Felskamm der »Hindelanger
Klettersteig« entlang.*

Problemlos schwebt man mit der Nebelhornbahn von Oberstdorf hinauf
in das hochalpine Tourengelände östlich des Illertales. Dort oben erwar-
ten den Bergwanderer Touren unterschiedlichster Länge und Schwierigkeit. So zieht direkt vom Gipfel des Nebelhorns ein langer, mit zahllosen
Felszacken besetzter Grat zum höchsten Gipfel des Bergmassivs, dem
Großen Daumen. Über diese Himmelsleiter turnen versierte Alpinisten
auf dem berühmten Hindelanger Klettersteig. Doch das herrliche Berg-
revier bleibt nicht nur den Kletterern vorbehalten. Am Südfuß des Grates
führt ein recht einfacher Steig über die sanft abfallenden Hänge des
so genannten Koblat und bringt den alpinistischen Normalwanderer zu
den Bergseen an der Südflanke des Großen Daumens. Auch der Große
Daumen selbst, der als höchster Gipfel der Berggruppe eine herrliche Aussicht bietet, kann von Süden her problemlos bestiegen werden. Zusätzlich

ist eine Wegvariante vorbei am größten Bergsee am Fuß des Daumens, dem Engeratsgundsee, beschrieben. Diese Variante erfordert einen zusätzlichen Zeitaufwand von ca. 1.30 Std. und der Aufstieg vom See zum Großen Daumen ist deutlich anspruchsvoller als der Anstieg vom Laufbichelsee. Wenn man den Gipfel des Großen Daumens nicht besteigen will, kann man lediglich einen Abstecher zum wunderschönen Engeratsgundsee unternehmen.

Über das Koblat zum Laufbicheler See

Für den Beginn der Tour zum Großen Daumen eignen sich als Ausgangspunkt sowohl die Bergstation (Station Höfatsblick) als auch die Gipfelstation der Nebelhornbahn. Bereits am Gipfel des Nebelhorns bietet sich eine herrliche Aussicht über das Allgäu. Von der Gipfelstation verläuft ein bezeichneter Weg in südöstlicher Richtung abwärts und gabelt sich. Auf dem linken Ast geht es an der Bergstation eines Liftes vorbei zu einer weiteren Weggabelung. Wir halten uns links und wandern am Fuß der Westlichen Wengenköpfe auf schmalem Steig über die geneigte Fläche des Koblat zum Hauptweg hinab, der von der Bergstation herüberläuft.

Wer auf den Gipfelblick vom Nebelhorn verzichten kann, der beginnt die Tour besser schon an der Bergstation (Station Höfatsblick) der Nebelhornbahn. Wir gehen vom Ausgang wenige Schritte bergwärts zu einer Wegkreuzung. Rechts führt uns ein Steig in einer Mulde an der Talstation eines Schleppliftes

vorbei und steigt dann zu einem Wegkreuz an, das wir in einem wenig ausgeprägten Sattel erreichen. Vom Bergkamm folgen wir dem rot markierten Steig, der uns im Auf und Ab durch eine felsige Flanke leitet. Der schwierigste Abschnitt auf dem Weg zum Laufbicheler See liegt jetzt hinter uns und wir wandern auf dem schmalen Steig über die Bergwiesen sanft abwärts. Ausgiebig können wir nun die

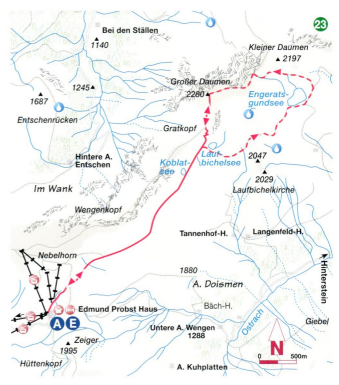

herrlichen Blicke nach Süden genießen, wo der formschöne Hochvogel und der felsige Große Wilde über den Bergkamm schauen, der zum Laufbacher Eck zieht. Doch bald müssen wir dem Weg, der eine felsige Latschenkieferflanke quert, wieder mehr Aufmerksamkeit widmen.

Immer wieder schweifen die Blicke hinauf zum zackigen Felsgrat über uns, über den die Begeher des Hindelanger Klettersteiges mehr oder weniger elegant turnen. Unterhalb des Östlichen Wengenkopfes müssen wir kurz über unangenehmes Geröll absteigen und erreichen eine mit zahllosen Felsblöcken übersäte Karmulde, in der sich der kleine Koblatsee versteckt. Ein kurzer Anstieg bringt uns

In einer Felsmulde an der Südflanke des Großen Daumen liegt das blaue Seeauge des Laufbichelsees.

anschließend durch die urtümliche Landschaft hinauf zu einer Wegkreuzung nahe dem tiefblauen Laufbichelsee, der sich als berauschend schöner Rastplatz geradezu aufdrängt. Jenseits des tief eingeschnittenen Ostrachtales ragen die nördlichen Berge des Allgäuer Hauptkammes auf, der sich weit nach Süden streckt.

Aufstieg zum Großen Daumen Guten Gewissens bietet sich der herrlich gelegene Laufbichelsee als Ziel- und Umkehrpunkt der Wanderung an. Doch von hier lässt sich sozusagen im Vorbeigehen relativ schnell und problemlos der Große Daumen besteigen. Dazu hält man sich an der Wegkreuzung vor dem Laufbichelsee links und folgt dem Steig, der durch die steilen Schutthänge zwar recht anstrengend, aber gefahrlos nach oben zieht. Bald wechseln wir von einer Scharte auf die Bergwiesen an der Südflanke des Großen Daumens. Links zweigt der Weg zum Hindelanger Klettersteig ab. Wir folgen jedoch geradeaus dem Steig, der über die Grasflanke zum Gipfelkreuz am Großen Daumen hinaufführt. Hier oben können wir die berauschende Aussicht von einem der schönsten Aussichtsgipfel im Allgäu genießen. Im Norden verliert sich der Blick in der Grenzenlosigkeit des Alpenvorlandes und im Westen, Süden und Osten reihen sich Gipfel an Gipfel, Bergkämme an Bergkämme. Nach der Gipfelrast geht es wieder zum Laufbichelsee hinab und auf dem bekannten Weg über das Koblat zurück zur Nebelhornbahn.

Die große Runde vorbei am Engeratsgundsee Für versierte Bergsteiger, die nicht vom Laufbichelsee direkt zum Großen Daumen aufsteigen wollen, bietet sich die Runde über den Engeratsgundsee an. Man hält sich an der Weggabelung am Laufbichelsee rechts und geht am kleinen Bergsee vorbei nach Süden. Das steinige Weglein wendet sich nach links und quert durch die Fels durchsetzten Hänge nach Osten. Nach einem steileren Zwischenabstieg geht es in gleich bleibender Höhe zu einer Hütte am herrlich gelegenen Engeratsgundsee, der von steilen Hängen eingefasst ist. An der Wegkreuzung am Seeufer halten wir uns links und mühen uns über die steile Südflanke des Kleinen Daumens aufwärts. Bald liegt der malerische See schon tief unter uns und über das Ostrachtal geht der Blick nach Süden zur markanten Bergpyramide des Hochvogels. Wir treffen auf den Weg, der aus dem Ostrachtal heraufkommt, und steigen nun links hinüber zum Felsgrat, der den Kleinen Daumen mit dem Großen Daumen verbindet. In der Daumenscharte treffen wir auf den Steig, der vom Rettenschwanger Tal heraufführt. Wir gehen jetzt links auf der herrlich aussichtsreichen Gratschneide nach Osten auf den Großen Daumen zu. Der Grat ist zwar nicht allzu schwierig, verlangt aber Trittsicherheit und ein wenig Schwindelfreiheit. Bald erreichen wir die geräumige Gipfelfläche des Großen Daumens, auf der sich der Kreis schließt. Nach der Gipfelrast geht es über den Laufbichelsee und das Koblat wieder zurück zur Nebelhornbahn.

Paraglider und Drachenflieger zaubern bunte Farbtupfer in die wilde Bergwelt am Nebelhorn.

OBERSTDORFER DAMPFBIERBRAUEREI

In Oberstdorf locken zahllose Restaurants und Gaststätten. Recht urig und manchmal etwas laut geht es in der Oberstdorfer Dampfbierbrauerei zu (Tel. 0 83 22/89 08). Deutschlands südlichste Braustätte bietet neben leckeren Bieren nahezu jeden Abend ein abwechslungsreiches Programm von Livemusik bis Kabarett.

24 Von Oberstdorf nach Gerstruben
Zur malerischen Höhensiedlung im Tal der Trettach

4 Std. | **13 km** | **je 350 m**

WEGVERLAUF
Oberstdorf – Dietersberg – Gerstruben – Gottenried – Christlessee – Dietersberg – Oberstdorf

CHARAKTER
Eine einfache Talwanderung mit einem nicht allzu langen Anstieg nach Gerstruben, die beeindruckende Blicke auf das Allgäuer Hochgebirge bietet. Höhepunkte der Tour sind der wilde Hölltobel, die alte Bergsiedlung Gerstruben und der malerische Christlessee.

AUSGANGS- UND ENDPUNKT
Die Parkplätze in der Nähe der Nebelhornbahn in Oberstdorf.

ANFAHRT
Mit dem Auto auf der B 19 durch das Illertal nach Oberstdorf und der Beschilderung folgend zur Talstation der Nebelhornbahn am südöstlichen Ortsrand. Oberstdorf ist mit der Bahn und mit verschiedenen Buslinien hervorragend zu erreichen.

GEHZEITEN
Oberstdorf – Dietersberg 1.15 Std. – Gerstruben 0.45 Std. – Christlessee 0.30 Std. – Oberstdorf 1.30 Std.

BESTE JAHRESZEIT
Frühjahr bis Spätherbst, auch im Winter teilweise geräumt

KARTE
Topografische Karte 1:50 000 des Bayer. Landesvermessungsamtes, Blatt Allgäuer Alpen.

EINKEHR
Mehrere Gasthöfe entlang der ganzen Strecke.

INFORMATION
Tourismus & Sport Oberstdorf, Marktplatz 7, 87561 Oberstdorf, Postfach 13 20, 87553 Oberstdorf, Tel. 08322/70 00, Fax 08322/70 02 36, E-Mail: info@oberstdorf.de, www.oberstdorf.de

An den Nordhängen von Mädelegabel, Trettachspitze und Kratzer entspringt die Trettach und zwängt sich durch ein enges Tal nach Norden. Mehrere wasserreiche Seitenbäche strömen aus dem wilden Bergland im Osten der jungen Trettach zu und lassen sie schnell zu einem imposanten Fluss anwachsen, der sich nördlich von Oberstdorf mit der Stillach zur Iller vereint. Rund um das lang gezogene Trettachtal findet der Wanderer Touren unterschiedlichster Länge und Schwierigkeit. Wir nehmen einen einfachen Weg, der auf weiten Strecken dem Lauf des Flusses folgt. Ausgangspunkt ist der bekannte Fremdenverkehrsort Oberstdorf, von dem wir ohne große Steigungen zum malerischen Christlessee wandern. Ein steiler Abstecher führt nach Osten in das versteckte Tal des Dietersbachs, über dem die berühmte Berggestalt der Höfats aufragt.

Der geheimnisvoll schimmernde Christlessee ist ein beliebtes Ausflugsziel im Tal der Trettach.

Entlang der wild-romantischen Schlucht des Hölltobels, mit der der Dietersbach den Steilabbruch ins Trettachtal überwindet, führt ein Weg von den Wiesen im Trettachtal hinauf in die Höhensiedlung Gerstruben. Hier erzählen uns die alten, vom Wetter gegerbten Höfe vom harten und abgeschiedenen Bergbauernleben der vergangenen Jahrhunderte.

Von Oberstdorf ins Trettachtal Von der Talstation der Nebelhornbahn in Oberstdorf gehen wir kurz an der Trettach entlang flussauf zu einer Straßenbrücke. An ihrer rechten, westlichen Seite beginnt ein Wanderweg. Er führt uns am Ufer des wasserreichen Flusses entlang zum Café Jägerstand. An dieser Stelle wechseln wir auf der Brücke zu einer Kiesstraße auf die linke, östliche Seite der Trettach, der wir nach rechts folgen. Bald zweigt links ein Sträßchen und der Weg ins Oytal ab. Wir bleiben aber im Tal der Trettach und schlendern geradewegs über die Wiesen zum Gasthof Gruben. Noch haben wir uns keine Rast verdient und so gehen wir geradewegs am Gasthof vorbei. Bald führt uns ein schöner Alleeweg über die Wiesen in den Wald. Rechts kann man hier problemlos einen Abstecher zur nahen Trettach unternehmen. Für Kinder bieten sich die sonnigen Sandbänke am Flussufer als herrlicher Spielplatz an.
Allzu lange sollte man sich aber nicht aufhalten, denn noch liegt der Großteil des Weges vor uns. Durch den Wald führt uns der Wanderweg zu den ersten Häusern von Dietersberg. Der Weg schwenkt rechts zum Fluss und stößt neben einer Brücke auf die für den allgemeinen Verkehr gesperrte Fahrstraße, der wir nach links folgen. Bald erreichen wir eine Weggabelung, an der links die Straße hinauf nach Gerstruben abzweigt. Wer den steilen und steinigen Anstieg entlang dem Hölltobel nach Gerstruben vermeiden will, der kann hier links abbiegen. Wir wollen uns das Naturschauspiel Hölltobel aber nicht entgehen lassen und folgen geradewegs der Fahrstraße, die an den Häusern von Dietersberg entlangläuft. Auch hier finden wir wieder eine der zahlreichen Einkehrmöglichkeiten. Wir wandern geradewegs sanft ansteigend weiter durch die Wiesen, bis links der nach Gerstruben und zum Hölltobel ausgeschilderte Weg abzweigt.

Abstecher zur Höhensiedlung in Gerstruben Der Weg läuft noch ein kurzes Stück über die Wiesen und erreicht dann den steilen Waldhang. Rechts strömt der Dietersbach aus der schmalen, Hölltobel genannten Klamm, die wie mit einem Riesenmesser in den Fels geschnitten scheint. Der jetzt steinige Steig schlängelt sich links der Schlucht aufwärts und bald zweigt rechts ein Weg ab und leitet zu einem nahen Steg. Er überspannt die beeindruckend enge Schlucht und dient als eindrucksvoller Aussichtspunkt hinab auf den in

dunkler Tiefe rauschenden Dietersbach. Nach dem Abstecher folgen wir weiter dem steilen Weg, der sich links der Klamm aufwärtswindet. Bald führt erneut ein kurzer Abstecher nach rechts zum Rand der Schlucht. Der Bach stürzt hier als mächtiger Wasserfall zu Tal und hat tiefe Wasserbecken in den Fels gefräst. Der Weg wendet sich nach links und führt uns zur Fahrstraße hinauf. Wir folgen ihr nach rechts und wandern über die Wiesen in das nahe Gerstruben (1155 m) hinauf. Von der Weggabelung vor dem ersten Hof geht es links zum nahen Gasthof hinauf, der nach dem steilen Anstieg eine herrliche Aussicht bietet. Der Weiterweg führt allerdings von der Kreuzung rechts zwischen den alten Höfen hindurch. Malerisch klammern sich die sonnengebräunten, großteils aus Holz erbauten Gebäude an den steilen Wiesenhang und über der kleinen Kapelle setzt sich die steilgipflige Höfats mächtig in Szene.

Zum Christlessee und zurück nach Oberstdorf

Rechts führt uns nach dem ersten Hof ein schmales Weglein über die Wiese abwärts ins Tal des Dietersbaches. Über eine mit einem Seil gesicherte Felsstelle geht es zum Bach hinab, der sich wenige Meter unterhalb am unzugänglichen Beginn des Hölltobels tief in den Fels einschneidet. Ein Brückchen leitet uns über den Bach und jenseits steigen wir kurz aufwärts zur Rautwiese. Anschließend führt uns der Weg in Kehren durch den steilen Waldhang zu dem breiten Wanderweg hinab, der östlich der Trettach nach Spielmannsau verläuft. Wir gehen aber nicht links talaufwärts, sondern wenden uns nach rechts und schlendern ohne Mühe auf dem schattigen Weg zu den Wiesen von Gottenried. Beim ersten Haus wechseln wir auf eine schmale Teerstraße, die uns zu einer Kreuzung vor dem Dietersbach führt.

Für den Abstecher zum malerischen Christlessee folgen wir der breiten Schotterstraße nach links. Bald wandern wir geradeaus über die Trettach zu einer Kreuzung. Wir folgen der Teerstraße, die durch den Wald und über Wiesen zum schön gelegenen Gasthof Christlessee führt. Nur ein kurzes Stück ist es noch vom Gasthof aus zum geheimnisvoll schimmernden Christlessee. Das Wasser des Sees, der keinen Zulauf besitzt, sprudelt aus dem verkarsteten Untergrund. Berühmt ist der Christlessee für die grünen und türkisen Farbschattierungen, in denen sein Wasser leuchtet.

Vom See wandern wir auf dem bekannten Weg zurück zu der Kreuzung unterhalb von Gottenried. Wir halten uns links, überqueren den Dietersbach und steigen über aussichtsreiche Wiesen sanft bergan. Bald ist der Abzweig in den Hölltobel erreicht, an dem sich der Kreis schließt. Geradeaus geht es nun auf schon bekanntem Weg über Dietersberg und Gruben zurück zur Talstation der Nebelhornbahn in Oberstdorf.

Imposant ragt die vom ersten Herbstschnee bedeckte Höfats über der Höhensiedlung Gerstruben auf.

Jahrhundertelang hat die Gebirgssonne Zeit gehabt, die Balken der Höfe von Gerstruben dunkel zu tönen.

DIE HÖHENSIEDLUNG GERSTRUBEN

Hoch über dem Trettachtal liegt am Fuß der Höfats Gerstruben, die schönste Höhensiedlung im Allgäu. Besiedelt wurde Gerstruben ebenso wie das Kleinwalsertal im 14. Jahrhundert von Walsern aus dem Lechtal. Dorthin waren auch über die Jahrhunderte die Verbindungen viel enger als in das nahe Oberstdorf. Ende des 19. Jahrhunderts gaben die letzten Bauern von Gerstruben den einsamen Kampf gegen die übermächtige Natur auf. Das Dorf verfiel, bis es 1953 von Oberstdorfer Bürgern gekauft wurde. Sie restaurierten liebevoll die letzten vier Hofgebäude, die Kapelle und die Säge am Dietersbach und retteten so diese einzigartige Bergidylle, die vom harten, längst vergangenen Leben der Bergbauern erzählt.

25 Rund um den Freibergsee
Idyllischer See und atemberaubende Skiflugschanze

WEGVERLAUF

Parkplatz Renksteg – Skiflugschanze – Seestube – Parkplatz Renksteg

CHARAKTER

Eine einfache Wanderung auf breiten Wegen
zum herrlich gelegenen Freibergsee. Nur zu
Beginn und am Schluss ist ein steiler An-
bzw. Abstieg zu überwinden, dazwischen
wandert man in sanftem Auf und Ab um
den aussichtsreichen See, in dem auch ge-
badet werden kann. Einen besonderen Höhepunkt stellt die riesige Heini-Klopfer-Skiflugschanze dar, die besichtigt werden kann.

AUSGANGS- UND ENDPUNKT

Der Parkplatz oder die Bushaltestelle am
Renksteg.

ANFAHRT

Mit dem Pkw auf der B 19 durch das Illertal
bis zum Kreisverkehr kurz vor Oberstdorf.
Dort rechts Richtung Kleinwalsertal abbiegen und bald links auf der zur Fellhornbahn
ausgeschilderten Straße zur Stillach und am
Fluss entlang bis zum großen Wanderparkplatz am Renksteg. Von Oberstdorf (Bahnstation) mit der häufig befahrenen Buslinie
zur Fellhornbahn im Stillachtal bis zur Haltestelle am Wanderparkplatz Renksteg.
Hierher gelangt man auch zu Fuß über gut
ausgeschilderte Wanderwege vom 2 km
entfernten Oberstdorf.

GEHZEITEN

Parkplatz Renksteg – Skiflugschanze
0.45 Std. – Seestube 0.20 Std. – Parkplatz
Renksteg 0.25 Std.

BESTE JAHRESZEIT

Frühjahr bis Spätherbst

KARTE

Topografische Karte 1:50 000 des Bayer. Landesvermessungsamtes, Blatt Allgäuer Alpen.

EINKEHR

In der Seestuben oder im Hotel Seeblick.

INFORMATION

Tourismus & Sport Oberstdorf, Marktplatz 7,
87561 Oberstdorf, Postfach 13 20,
87553 Oberstdorf, Tel. 08322/70 00,
Fax 08322/70 02 36, E-Mail:
info@oberstdorf.de, www.oberstdorf.de

Im Süden des weiten Talkessels von Oberstdorf schneiden das Tal der Tret-
tach und das Tal der Stillach tief in die Allgäuer Alpen. Am Eingang ins
Stillachtal schiebt sich von Westen der niedrige, recht sanfte Höhenzug
des Freibergs weit in den Talgrund vor. Fährt man am Fluss entlang ein
Stück nach Süden, ragt auf diesem Höhenzug die atemberaubende Heini-
Klopfer-Skiflugschanze auf und nutzt die ideal geneigten Hänge als
Aufsprunghügel. Was man vom Tal aus nicht sieht, ist der wunderschöne
Freibergsee, der sich auf dem Bergkamm in einer malerischen Bergsenke
versteckt. Der mit einer Fläche von 16 Hektar größte Allgäuer Bergsee bie-
tet nicht nur herrliche Ausblicke auf die imposante Bergwelt der Allgäuer
Alpen, sondern ist im Sommer dank seines klaren, sich schnell erwärmen-
den Wassers ein beliebtes Ziel für Badeausflüge.

Zur atemberaubenden Skiflugschanze Wir beginnen die Wanderung
am großen Parkplatz am »Oberen Renksteg«. Von dort gehen wir zur
nahen Holzbrücke und überqueren die Stillach. Nach der Brücke halten
wir uns rechts und steigen dann auf einem Weg steil aufwärts zu einer
Kreuzung. Von rechts kommt der Weg vom »Unteren Renksteg« herauf.
Der gut ausgebaute Weg steigt nach links an und führt uns durch den
steilen, anfangs mit Felsen durchsetzen Waldhang bergan. Bald wird
es flacher und durch eine Mulde geht es zu einer nahen Weggabelung
hinauf. Von rechts kommt der Weg dazu, auf dem wir nach der Seerunde
zurückkehren werden. Wir gehen jedoch geradeaus und wandern über
den bewaldeten Kamm im Osten des Freibergsees.
Der einzige etwas längere Anstieg der Tour liegt nun schon hinter uns. Das
sanfte Auf und Ab wird ab hier immer wieder durch beschauliche Blicke
auf den Freibergsee belohnt und bald ragt vor uns der gigantische
Sprungturm der Heini-Klopfer-Schanze atemberaubend schief aus dem

Wald und scheint jeder Statik zu spotten. Nichtsdestotrotz lassen wir es uns natürlich nicht nehmen, mit dem Aufzug in den Sprungturm hinaufzufahren. Weit über 200 Meter fliegen die besten Skispringer vom Schanzentisch ins Stillachtal hinunter. Uns Normalsterblichen treibt allein schon der Gedanke, den Sprungturm mit Skiern hinabzufahren, den Angstschweiß in die Handflächen.

Rund um den Freibergsee Von der Skiflugschanze folgen wir anschließend kurz der Zufahrtsstraße, bis wir rechts auf ein schmales Sträßchen einbiegen können. Es leitet am Westufer des Freibergsees über die Wiesen und bietet immer wieder herrliche Blicke zum See hinab und zu den gegenüberliegenden Bergen, die sich auf der tiefgrünen Wasserfläche spiegeln. Allmählich schwenkt das Kiessträßchen Richtung Nordufer des Sees und an einer Weggabelung können wir uns zwischen zwei Wegvarianten entscheiden. Der obere Weg führt zum Gasthof Seeblick, von dem aus man einen herrlichen Blick auf den See und die Berge hat. Der untere Weg läuft hinab zum Freibad und Strandcafé am Freibergsee, an dem man auch Ruderboote mieten kann

und ebenfalls einen herrlichen Blick über den See und die Flugschanze in die Berge genießt. Nach einem kurzen Abstieg vom Hotel bzw. Anstieg vom Seeufer finden beide Wege wieder zusammen. Kurz darauf treffen wir auf unseren Anstiegsweg, der uns links hinab wieder zum Ausgangspunkt zurückführt.

Auf dem blauen Freibergsee spiegeln sich die Oberstdorfer Berge.

Südlich des Freibergsees sticht der gewaltige Sprungturm der Heini-Klopfer-Skiflugschanze in den Himmel.

26 Über den Fellhornrücken
Die berühmte Allgäuer Blumentour

3.30 Std. | 10 km | 100 m/1150 m

WEGVERLAUF
Fellhornbahn-Bergstation – Schlappoltkopf – Söller-Alpe – Schwand – Fellhornbahn-Talstation

CHARAKTER
Eine der berühmtesten Allgäuer Wanderungen, die von der Bergstation der Fellhornbahn über einen aussichts- und blumenreichen Kamm führt. Teilweise sind die Wege schmal und steinig, aber an keiner Stelle gefährlich. Trotzdem sollte man ein gewisses Maß an Trittsicherheit mitbringen und natürlich wie bei allen Touren im alpinen Bereich mit festem Schuhwerk unterwegs sein. Obwohl die Tour fast durchgehend bergab führt, ist aufgrund der Länge und der Wegbeschaffenheit ein gewisses Maß an Ausdauer vonnöten.

AUSGANGS- UND ENDPUNKT
Die Berg- bzw. Talstation der Fellhornbahn (Seilbahninfo Tel. 0700/55 53 38 88, aus Österreich 0820/94 94 98).

ANFAHRT
Mit dem Auto auf der B 19 durch das Illertal bis kurz vor Oberstdorf und dann der Beschilderung zur Fellhornbahn folgend durch das Stillachtal bis zum Parkplatz an der Talstation in Faistenoy. Von Oberstdorf, wo es eine Bahnstation gibt, gute Busverbindung zur Talstation der Fellhornbahn.

GEHZEITEN
Fellhornbahn-Bergstation – 1.45 Std. – Schwand 1.15 Std – Fellhornbahn-Talstation 0.30 Std.

BESTE JAHRESZEIT
Mitte Juni bis Oktober

KARTE
Topografische Karte 1:50 000 des Bayer. Landesvermessungsamtes, Blatt Allgäuer Alpen.

EINKEHR
An der Fellhornbahn-Bergstation, der Söller-Alpe, in Hochleite und Schwand.

INFORMATION
Tourismus & Sport Oberstdorf, Marktplatz 7, 87561 Oberstdorf, Postfach 13 20, 87553 Oberstdorf, Tel. 08322/70 00, Fax 08322/70 02 36, E-Mail: info@oberstdorf.de, www.oberstdorf.de

Zwischen dem Tal der Stillach und dem Kleinwalsertal erhebt sich das aussichtsreiche Fellhorn, das mühelos per Seilbahn erreicht werden kann. Wie seine nördlichen Nachbarn ist es aus Flysch aufgebaut, einem tonigmergeligen Gestein. Die sanften Gipfelformen und eine vielfältige Flora laden hier zu einer berühmten, nicht allzu anstrengenden Kammwanderung der Extraklasse ein.

Panoramaweg zur Söller-Alpe Von der Gipfelstation der Fellhornbahn steigen wir auf breitem Weg in wenigen Minuten zum aussichtsreichen Gipfel des Fellhorns (2038 m) auf. Nun wandern wir über den nordwärts

Über den Bergkamm läuft die Tour auf den Talkessel von Oberstdorf zu.

AUSSTELLUNG »BERGSCHAU«

Mensch und Natur in den Allgäuer Alpen widmet sich die Ausstellung »Bergschau«, deren Ausstellungsteile im alten Rathaus in Oberstdorf, am Eingang in die Breitachklamm, im Walserhaus Hirschegg im Kleinwalsertal und am Fellhorngipfel zu sehen sind. Informationen erhält man unter Tel. 08222/95 94 84 oder unter www.bergschau.com

verlaufenden, anfangs schmalen Bergkamm abwärts. Der bald breitere Weg leitet uns durch blühende Bergwiesen über den Schlappoltkopf zum Söllerkopf, dessen schwierig zu erreichender Kulminationspunkt rechts des Weges bleibt. Auch den einfacheren Weg, der von hier durch das Skigebiet direkt zur Talstation hinabführt, lassen wir rechts liegen. Wir folgen geradeaus weiterhin dem Bergrücken. Bald schlängelt sich der wieder schmalere Steig über kurze, felsige Stellen abwärts und bringt uns anschließend über einen bewaldeten Rücken bis kurz vor das Söllereck. Wir biegen scharf rechts in den zur Söller-Alpe ausgeschilderten Weg, der uns bald im Zick-Zack zur bewirtschafteten Söller-Alpe hinabführt.

Durch Wälder und über Wiesen zur Talstation Von der Alpe folgen wir dem Alpweg, der durch die steile Ostflanke des Söllerecks nach Norden hinabführt. Nach zirka einem Kilometer wechseln wir rechts auf einen schmalen, nach Hochleite und zur Fellhornbahn-Talstation ausgeschilderten Wanderweg. Wir wandern auf dem wurzeligen Steig zu einer Weggabelung und dann auf einem Bohlenweg nach rechts. Nach 150 Metern gehen wir erneut rechts und folgen einem Waldweg zu einer Forststraße, auf der wir links abwärts wandern. Nach einigen Minuten wechseln wir links auf einen schmalen Weg und überqueren eine Kiesstraße. Nach einem Brückchen leitet uns ein Feldweg rechts zum einsam gelegenen Berggasthof Hochleite. Wir wechseln am Gasthof geradeaus auf einen Wanderweg und gehen an den folgenden Kreuzungen immer geradeaus, bis uns eine schmale Teerstraße links nach Schwand hinabführt. Hier biegen wir scharf rechts auf einen Feldweg ein und folgen diesem zu einem Teersträßchen. Auf diesem wandern

wir durch die Wiesen von Ringang zu einer Straßengabelung. Wir halten uns links und folgen dem unbefestigten Sträßchen, das uns in leichtem Auf und Ab zurück zur Talstation der Fellhornbahn bringt.

Zu Beginn verläuft der Weg auf einem schmalen Bergkamm zwischen Kleinwalsertal und Stillachtal.

DAS STILLACHTAL UND EINÖDSBACH

Über dem Talgrund der Stillach liegt in 1115 Metern Höhe am Fuß des Allgäuer Hauptkamms Einödsbach, die südlichste ganzjährig bewohnte Siedlung Deutschlands. Der abgelegene Weiler bietet eines der malerischsten und meist fotografierten Bilder im Allgäu. Neben dem Gasthaus steht eine bezaubernd schlichte Kapelle. Von dort geht der Blick, vorbei an einem holzbraunen, im 16. Jahrhundert erbauten Bauernhof, hinauf zu den Felswänden von Trettachspitze, Mädelegabel und Hochfrottspitze, die über dem wilden Taleinschnitt des Bacherloches in den blauen Himmel ragen. Von der Talstation der Fellhornbahn in Faistenoy führt eine einfache Wanderung vorbei an der besuchenswerten Wirtschaft in Birgsau hinauf nach Einödsbach.

27 Durch die Breitachklamm
Tobendes Wasser im dunklen Schlund

1.15 Std. 3,5 km je 140 m

WEGVERLAUF
Parkplatz Breitachklamm – Steg – Parkplatz Breitachklamm

CHARAKTER
Die kurze und doch atemberaubende Wanderung durch die imposante Breitachklamm gehört zu den Höhepunkten eines Allgäu-Aufenthaltes. Nicht nur Kinder sind beeindruckt von den tosenden Wassermassen in der schmalen Schlucht. Wegen des felsigen und oftmals glitschigen Weges ist festes Schuhwerk anzuraten.

AUSGANGS- UND ENDPUNKT
Der Parkplatz am unteren, nördlichen Eingang in die Breitachklamm.

ANFAHRT
Nördlich von Oberstdorf von der B 19 auf die nach Tiefenbach und zur Breitachklamm ausgeschilderte Straße und in Winkel links der Wegweisung zur Breitachklamm bis zum Parkplatz am Besucherzentrum und der Wirtschaft Breitachklamm folgen. Von Oberstdorf (Bahnstation) gute Busverbindung sowohl zum Ausgangspunkt am unteren Klammausgang als auch zur Walserschanze an der Straße ins Kleinwalsertal, die vom oberen Klammausgang schnell zu erreichen ist.

GEHZEITEN
Parkplatz Breitachklamm – Steg 0.45 Std. – Parkplatz Breitachklamm 0.30 Std.

BESTE JAHRESZEIT
Nur im Frühjahr bei der Schneeschmelze geschlossen

KARTE
Topografische Karte 1:50 000 des Bayer. Landesvermessungsamtes, Blatt Allgäuer Alpen.

EINKEHR
Am Ausgangspunkt oder an der Walserschanze.

INFORMATION
Tourismus & Sport Oberstdorf, Marktplatz 7, 87561 Oberstdorf, Postfach 13 20, 87553 Oberstdorf, Tel. 08322/70 00, Fax 08322/70 02 36, E-Mail: info@oberstdorf.de, www.oberstdorf.de

Eine erste Engstelle des Breitachtales lässt noch nichts von der Dramatik der Klamm erraten.

Die Breitachklamm liegt am nördlichen Eingang in das Kleinwalsertal nahe der Staatsgrenze zwischen Deutschland und Österreich. Zwei Wege ermöglichen den Zugang zur Klamm. Die schmale, tief in die kreidezeitlichen Schrattenkalke geschnittene Felsschlucht bietet eines der beeindruckendsten Naturschauspiele im weiten Umkreis. Zwischen den glatten, überhängenden Felsen tobt die wasserreiche Breitach am Grund der Klamm. An der Oberkante bleibt im engsten Schluchtabschnitt nur eine wenige Meter breite Spalte offen, durch die kaum Licht in den tiefen,

engen Felsspalt dringt. Fast meint man hier durch eine Höhle zu wandern. Der Steg, der teils hoch über dem Klammgrund und teils nahe dem gischtenden Wasser entlangführt, scheint an die feuchten Wände geklebt. Vor allem im Frühjahr, wenn zur Zeit der Schneeschmelze die Breitach reichlich Wasser führt, ist der Lärm in der engen Klamm ohrenbetäubend.

Durch die enge Klamm Wir beginnen die Wanderung am großen Parkplatz südlich von Tiefenbach. Vorbei am Gasthof Breitachklamm erreichen wir nach wenigen Schritten das moderne Eingangsgebäude. Auf gut ausgebautem Weg geht es über Wiesen zur nahen Breitach. Noch ist nichts zu erahnen von dem dramatischen Naturschauspiel, das uns erwartet. Gemächlich geht es anfangs am westlichen Ufer des Flusses entlang. Doch

schon bald helfen ein Tunnel und Stege, eine Felsbarriere zu umgehen. Noch macht die Breitach ihrem Namen alle Ehre und strömt als breiter Fluss zwischen den sich allmählich aufsteilenden Hängen dahin. Doch schon muss sie sich am Grund durch harte Felsschichten graben und die zunehmend felsigeren Talflanken rücken nach und nach enger zusammen.

Der Weg steigt an und bringt uns zum Eingang in die eigentliche Klamm. Wir wechseln auf die linke, östliche Seite des Flusses, der jetzt als Wildbach durch den engen Klammgrund zwischen eingeklemmten Baumstämmen und Felsblöcken von Strudelloch zu Strudelloch tobt. Der Weg scheint teils an die glatt gescheuerten Steilwände geklebt, teils ist er in den dunklen Kalkfels gesprengt. Von den überhängenden Wänden tropft das Wasser. Ein besonderes Naturschauspiel kann

Zwischen den tief eingeschnittenen und eng beieinander stehenden Schluchtwänden dringt kaum Licht bis zum Grunde der Klamm.

man im Winter bewundern, wenn diese Wasserfäden zu langen Eiszapfen erstarren.

Kaum noch Licht erreicht hier im engsten, 50 Meter tiefen Abschnitt der Klamm den Schluchtgrund. Große Felsblöcke haben sich hoch über dem Weg zwischen den Felswänden verklemmt und verstärken den faszinierend düsteren Eindruck. An der Stelle, an der der Weg wieder zur rechten Schluchtwand wechselt, zeigt eine Messlatte, die weit über den Weg hinaufreicht, die unglaublichen Maximalwasserstände in der Schlucht an. Noch schwindelt sich der Weg an den Felswänden entlang durch die enge Klamm,

In schwindelerregender Höhe überspannt der »Zwingsteg« die schmale Breitachklamm.

DER WEG DURCH DIE BREITACH-KLAMM

Früher glaubten die Menschen, dass in der dunklen, Zwing genannten Klamm, in deren unzugänglichen Tiefen es rauschte und polterte, böse Geister wohnen. Erst der energische Einsatz des Tiefenbacher Pfarrers Johann Schiebel brachte eine Wende. Er erkundete die Klamm und hielt einen Wegebau, der den Tourismus ankurbeln sollte, für möglich. 1904 gründeten Oberstdorfer Bürger den »Breitachklamm Verein«, der bis heute die 1905 fertig gestellte Weganlage durch die Klamm betreibt. 1961 sollte eine Hochwassermauer die Breitach in der Schlucht aufstauen. Doch am Widerstand von Einheimischen und Naturschützern scheiterte glücklicherweise dieser Naturfrevel. So kann man auch heute noch das schaurig-schöne Naturschauspiel Breitachklamm bewundern.

doch vor uns leuchten schon erste Sonnenstrahlen hinein. Ein Steg leitet uns wieder an die linke Talseite und der Weg steigt durch die sich nun weitende Schlucht bergan. Hoch über uns genießen die Besucher den Nervenkitzel, vom Zwingsteg in die enge Klamm zu schauen.

Rechts sind bald an den hellen Farben der Felswände die frischen Abbruchspuren zu erkennen, die auf einen enormen Felssturz hinweisen. Er schüttete im Herbst 1995 50 000 Kubikmeter Schutt in die Schlucht und staute einen See auf. Als das Wasser ein halbes Jahr später diese Barriere durchbrach, tobte es mit unvorstellbarer Gewalt durch die Breitachklamm, verwüstete den Weg und richtete einen Schaden von 300 000 Euro an. Vor den Resten der Felsbarriere knickt der Klammweg nach rechts ab und führt steil zum nahen Kassenhäuschen am südlichen Schluchtende hinauf.

Der Zwingsteg und verschiedene Rückwege Nun bieten sich unterschiedliche Wegvarianten für den Weiter- bzw. Rückweg an. Bevor wir uns entscheiden, folgen wir auf jeden Fall vom Kassenhaus dem steilen Treppenweg bergan. Die Karten für den Klammweg bleiben trotzdem gültig. Wer also durch die Klamm wieder zum Ausgangspunkt zurückkehren will, muss kein neues Ticket lösen. Wir steigen am östlichen Rand der Schlucht über zahlreiche Stufen bergan und genießen den Blick auf die hellen Felssturzwände am gegenüberliegenden Hang. Die Schlucht unter uns wird immer enger und bald ist eine Wegkreuzung erreicht. Rechts läuft ein steiler, nicht zu empfehlender Anstieg zur B 19 hinauf, die vom Illertal ins Kleinwalsertal hinaufführt. Links überspannt der atemberaubende Zwingsteg die enge Felsspalte der Breitachklamm. Über den Steg führt ein Weg durch die Hänge des Engenkopfes zurück zum Ausgangspunkt. Wer wieder zum Parkplatz am nördlichen Schluchtausgang zurückkehren will, dem sei der kürzere und sehr viel eindrucksvollere Weg durch die Breitachklamm angeraten. Auf jeden Fall genießen wir zuvor den atemberaubenden Blick vom Zwingsteg in die Klamm.

In südlicher Richtung öffnet sich die Schlucht und wir können tief unter uns die Besucher durch die herrliche Klamm wandern sehen. Nördlich des Steges windet sich der engste und dunkelste Abschnitt der Breitachklamm durch den Untergrund. Der Verlauf der nur wenige Meter breiten Schlucht ist am Waldboden nur schwer auszumachen und das dramatische Naturschauspiel 50 Meter unter uns ist kaum zu erahnen.

Vom Zwingsteg steigen wir auf dem Treppenweg wieder zum Kassenhäuschen hinab. Wer ohne Auto angereist ist, dem stehen jetzt mehrere Wegalternativen offen. Auf dem Steig, der den linken Talhang quert, kann man nach Süden zu einer Wegkreuzung wandern. Links führt ein kurzer Anstieg zur Walserschanze hinauf, an der die Kleinwalsertaler im Dreißigjährigen Krieg ihr Tal gegen die Schweden verteidigten. Heute quert hier die Grenze zwischen Österreich und Deutschland die Straße ins Kleinwalsertal. Eine Haltestelle der häufig befahrenen Buslinie, die Oberstdorf mit dem Kleinwalsertal verbindet, bietet eine problemlose Rückkehrmöglichkeit.

Wer die Wanderung noch ein wenig ausdehnen möchte, der kann von der Wegkreuzung unterhalb der Walserschanze einfach weiter dem Tal folgen. Der Weg wechselt bald auf die rechte Seite der Breitach und durch das nach und nach sanftere Tal kann man ohne große Mühen immer am Fluss entlang bis nach Riezlern im Kleinwalsertal wandern.

Die schönste Wegalternative ist jedoch der Rückweg durch die Breitachklamm. Mit dem geänderten Blickwinkel lassen sich neue Eindrücke sammeln. Ganz anders scheint der Blick hinauf zum atemberaubenden Zwingsteg, auf dem wir noch vor Kurzem standen. Die Schluchtwände, der Weg und die tosende Breitach bieten auch auf dem Rückweg ein beeindruckendes Naturspektakel, das jeden in seinen Bann zieht, bis man am Ausgangspunkt die neu gewonnenen Eindrücke bei einer Rastpause verarbeiten kann.

Oberhalb des engsten Klammabschnittes dringt zum ersten Mal wieder Licht bis zur Breitach vor.

28 Rund um den Widderstein
Auf den Spuren der Walser

5.15 Std. 15,5 km je 890 m

WEGVERLAUF
Baad – Bärgunttal – Hochalppass – See-
kopf – Widdersteinhütte – Gemstelpass –
Gemsteltal – Baad

CHARAKTER
Die Umrundung des mächtigen Widdersteins ist eine nicht allzu schwierige Bergwanderung. Die schmalen und steinigen
Hochgebirgssteige verlangen jedoch etwas
Trittsicherheit und sind nur mit festem
Schuhwerk problemlos zu begehen. Während die Auf- und Abstiegswege eindrucksvolle Nahblicke bieten, begeistert der Panoramaweg an der Südflanke des Widdersteins
durch herrliche Weitblicke. Der steile und
teils steinschlaggefährdete Abstecher auf
den Gipfel des Widdersteins ist nur erfahrenen, schwindelfreien Bergsteigern zu empfehlen (zusätzlich 500 Höhenmeter und
ca. 2.30 Std.).

AUSGANGS- UND ENDPUNKT
Der Parkplatz oder die Bushaltestelle in
Baad, dem hintersten Ort im Kleinwalsertal.

ANFAHRT
Mit dem Pkw auf der B 19 durch das Illertal
und das Kleinwalsertal bis nach Mittelberg
und dort der Beschilderung folgend links
nach Baad. Von Oberstdorf (Bahnstation)
Busverbindung durch das Kleinwalsertal
nach Baad.

GEHZEITEN
Baad – Hochalppass 2.30 Std – Gemstelpass
0.45 Std. – Breitach 1.30 Std. – Baad 0.30 Std.

BESTE JAHRESZEIT
Mitte Juni bis Oktober

KARTE
Topografische Karte 1:50 000 des Bayer. Landesvermessungsamtes, Blatt Allgäuer Alpen.

EINKEHR
In der Bärgunthütte, Widdersteinhütte,
Gemstelhütte und in Baad.

INFORMATION
Kleinwalsertal Tourismus, Im Walserhaus,
A-6992/D-87568 Hirschegg, Tel. +43/(0)
5517/511 40, Fax +43/(0) 55 17/51 14 21,
E-Mail: info@kleinwalsertal.com,
www.kleinwalsertal.com

Mit seiner Höhe von 2533 Metern ist der markante Widderstein der
höchste und einer der eindrucksvollsten Gipfel über dem Kleinwalsertal.
Dieser Dolomitklotz beeindruckt mit brüchigen Steilwänden und zerrissenen Graten. So ist es kaum verwunderlich, dass sein Gipfel nur auf einem
anspruchsvollen Weg zu erreichen ist. Doch neben dem Widderstein führen zwei einfache Passwege nach Süden. Im Mittelalter zogen die Walser
über diese Pässe, um das nach ihnen benannte Kleinwalsertal zu besiedeln und über Jahrhunderte blieben sie wichtige Verbindungslinien zu
den Walsersiedlungen rund um Lech. Uns eröffnen diese Übergänge
einen wundervollen Rundweg, der uns mit weiten Blicken bis hin zu den
Schweizer Bergen beschenkt.

Durch das Bärgunttal zur Südflanke des Widdersteins Vom Parkplatz
am unteren Ortsrand von Baad folgen wir dem breiten, zum Hochalppass
ausgeschilderten Alpweg über die Breitach. Er führt uns durch das Bärgunttal zur Bärgunthütte. Wir halten uns neben der Hütte links und gehen
an der Wegkreuzung nach einem Bach geradeaus. Am Bach entlang und
über zwei felsdurchsetzte Felsstufen hinweg bringt uns der Steig zu einer
breiten Wiesenmulde hinauf. Wir folgen dem teils erdigen Weg aufwärts
zu einer Weggabelung. Hier halten wir uns links und steigen an der Bär-
gunthochalpe vorbei zur Wiesenkuppe des Seekopfes (2039 m) an, unter
der sich der Hochalpsee in eine grüne Wiesenmulde schmiegt. Wir wandern
auf die Südabstürze des Widderstein zu und erreichen eine Weggabelung.

Abstecher zum Gipfel des Widderstein (zusätzlich 500 Höhenmeter
und 2.30 Std.) Nur schwindelfreie und erfahrene Bergsteiger steigen links
zur Südschlucht des Widdersteins hinauf, durch die ein teils mit Eisenstif-
ten versehener, gut markierter Steig im Zick-Zack über gut gestufte Felsen

bergan führt. Man erreicht einen mit Schutt gefüllten Kessel, von dem man links zum Südwestgrat hinaufsteigt. Nun geht es nahe dem Grat zum Gipfel des Widdersteins (2533 m) empor, von dem sich eine herrliche Sicht bis zu den schneebedeckten Schweizer Bergen bietet. Nach der Gipfelrast geht es auf dem Anstiegsweg wieder zum Wandfuß hinab. Hier hält man sich gleich links und erreicht den Querweg, der links zur Widdersteinhütte führt.

Panoramaweg, Gemstelpass und Gemsteltal Wer nicht den Gipfel des Widdersteins erklimmen will, der wählt an der Weggabelung unter den Südabstürzen den unteren, rechten Steig. Der angenehme Panoramaweg verläuft in gleich bleibender Höhe durch die Südflanke des Widdersteins und bietet eine herrliche Aussicht über den Hochtannberg-Pass zur Vorarlberger und Tiroler Bergwelt. Bald ist die Widdersteinhütte erreicht, von der es in einem Bogen um eine Wiesenkuppe zum Gemstelpass geht. Wir halten uns links und steigen auf steinigem Weg zur Obergemstel-

alpe ab. Von der Wegkreuzung folgen wir dem linken Steig abwärts zum »gesprengten Weg«, der uns durch die kleine Gemstelklamm führt. Nach einer letzten Steilstufe erreichen wir die Gemstelhütte und wandern auf breitem Alpweg durch das Gemsteltal zur Breitach. Nun entweder geradeaus zu einer nahen Bushaltestelle an der Straße nach Baad oder links an der Breitach entlang zurück ins zwei Kilometer entfernte Baad.

Durch die Bergwiesen am Fuße der Felsen quert der Weg die Südflanke des wild zerrissenen Widdersteins.

DER GROSSE WALSERWEG

Der Große Walserweg ist einer der eindrucksvollsten Weitwanderwege in den Alpen. Er folgt den Spuren der Walser, die im Mittelalter ihre Walliser Heimat verließen, um die Hochtäler im zentralen Alpenbereich zu besiedeln. Der Weg leitet den Wanderer von Zermatt durch die Walliser Alpen, das Tessin, Graubünden bis Vorarlberg. Unbekannte Walser Bergsiedlungen, die bis heute ihren ursprünglichen Charakter bewahrt haben, liegen ebenso am Weg wie die berühmten Walserorte Saas Fee, Davos oder Lech. Die letzte Etappe führt vom Hochtannbergpass am Widderstein vorbei ins Kleinwalsertal, in dem die Walser ihre nördlichste Siedlung errichteten.

5.45 Std.   13 km   je 1100 m

WEGVERLAUF
Baad – Starzel Alpe – Grünhorn – Ochsen-
hofer Scharte – Muttelbergkopf – Stutz-Alpe
– Baad

CHARAKTER
Eine herrlich aussichtsreiche und botanisch
interessante Rundtour auf schmalen, steinigen Wegen. Die schwierigeren Steige über
die Bergkämme zwischen Grünhorn und
Walmendinger Horn können in tieferen Lagen auf einfacheren Wegen umgangen werden. Auch vom Walmendinger Horn aus, das
von Mittelberg aus mit der Seilbahn zu erreichen ist, kann der leichte Höhenweg über
die Obere Lüchle-Alpe und die Stierhofer-
Alpe zur Starzel-Alpe begangen werden.
Kehrt man auf dem Panoramaweg zum Walmendinger Horn zurück, ist diese Variante
auch für Familien geeignet.

AUSGANGS- UND ENDPUNKT
Der Parkplatz oder die Bushaltestelle in
Baad, dem hintersten Ort im Kleinwalsertal.

ANFAHRT
Mit dem Auto auf der B 19 durch das Illertal
und das Kleinwalsertal nach Mittelberg und
dort der Beschilderung folgend links nach
Baad. Gute Bahnverbindungen nach Oberstdorf. Von Oberstdorf Busverbindung durch
das Kleinwalsertal nach Baad.

GEHZEITEN
Baad – Starzel-Alpe 1.45 Std. – Grünhorn
1.15 Std.– Muttelbergkopf 1.15 Std.– Stutz-
Alpe 1 Std. – Baad 0.30 Std.

BESTE JAHRESZEIT
Juni bis Oktober.

KARTE
Topografische Karte 1:50 000 des Bayer. Landesvermessungsamtes , Blatt Allgäuer Alpen.

EINKEHR
In der Stutz-Alpe und in Baad, am unteren
Weg zusätzlich an der Stierhof-Alpe und der
Muttelberg-Alpe.

INFORMATION
Kleinwalsertal Tourismus, Im Walserhaus
A-6992 bzw. D-87568 Hirschegg, Tel. +43/
(0)5517/511 40, Fax +43/(0)5517/51 14 21,
E-Mail: info@kleinwalsertal.com, www.klein-
walsertal.com

Nördlich über Baad und Mittelberg streckt sich ein Bergkamm vom Walmendinger Horn, das durch eine Seilbahn erschlossenen ist, zum Grünhorn. Der aus Flysch aufgebaute Höhenzug trennt das von der Breitach
durchflossene Haupttal vom Schwarzwassertal. Das anstrengende Auf
und Ab über den vielgipfligen Grat wird durch herrliche Panoramablicke
und eine bezaubernde Pflanzenwelt, die jener am berühmten Blumen-
berg Fellhorn in nichts nachsteht, entlohnt.

Von Baad zur Starzel-Alpe Vom Parkplatz bzw. von der Bushaltestelle in
Baad gehen wir, der Wegweisung zum Grünhorn folgend, durch den Ort
aufwärts und biegen 100 Meter vor dem Kirchlein links haltend in den
Starzelweg, der uns steil zum obersten Haus hinaufführt. Wir wechseln
geradewegs auf die Kiesstraße, die uns sanft ansteigend über die Äußere
Tura-Alpe zur Inneren Tura-Alpe bringt. Dort endet das Sträßchen an der
Talstation der Materialseilbahn, mit der die bewirtschaftete Innere Stierhof-Alpe versorgt wird. Nun wandern wir auf schmalem Steig durch das
Tal des Turabachs, dessen feuchte Hänge mit üppig wuchernder Vegeta-
tion überzogen sind. Im Talhintergrund liegen im Frühsommer noch die
Reste der Lawinen, die im Winter über die steilen, haltlosen Wiesenhänge
herabrauschen. Bald wendet sich der Weg nach rechts und führt uns
durch Wald und Erlengestrüpp teils steinig und steil über zahlreiche Stufen anstrengend aufwärts. Erst auf den Weiden der Starzel-Alpe (1678 m)

*Oberhalb von Baad lockt vor dem Schluss-
abstieg die Stutz-Alpe zu einer verdienten Rast.*

Im Starzeljoch biegen wir vom Hauptweg rechts zum nahen Gipfel des Grünhorns ab.

wird das Gelände wieder angenehmer und so legen wir vor der Alphütte eine verdiente Rastpause ein.

Die leichte und kurze Wegvariante An der Wegkreuzung neben der Alphütte muss man sich für eine von zwei Wegvarianten entscheiden. Wer nicht trittsicher oder mit Kindern unterwegs ist, sollte den einfachen, nach rechts zur bewirtschafteten Inneren Stierhof-Alpe ausgeschilderte Höhenweg nehmen. Dieser quert in nahezu gleich bleibender Höhe durch die aussichtsreiche Südflanke des Muttelbergkopfs und verlangt kaum größere Anstrengungen. Unterhalb des Gipfels des Walmendinger Horns trifft der Weg kurz nach der ebenfalls bewirtschafteten Oberen Lüchle-Alpe wieder auf die beschriebene Route. Natürlich kann dieser Panoramaweg auch in umgekehrter Richtung nach einer Auffahrt mit der Bergbahn vom Walmendinger Horn her begangen werden und ist dann auch für Familien bestens geeignet.

Über das Grünhorn Wir haben uns heute jedoch die Panoramatour über den lang gezogenen Bergkamm vorgenommen, der vom Grünhorn nach Osten ins Kleinwalsertal vorstößt. Wir wenden uns an der Starzel-Alpe,

den Wegweisern zum Starzeljoch und Grünhorn folgend, nach links und wandern auf schmalem Steig über die Alpwiesen zum Weg hinauf, der die Ostflanke des Grünhorn quert. Auf ihm steigen wir links zum nahen Starzeljoch hinauf, von dem jenseits ein Weg nach Schopperau im Bregenzerwald hinabführt. Wir folgen jedoch dem Wegweiser zum Grünhorn nach rechts und wandern über den teils

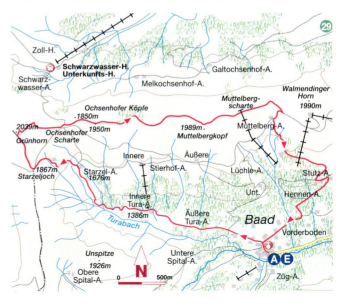

schmalen Südgrat, der im frühen Sommer mit einer bunten Blütenpracht verzaubert, zum Gipfel des Grünhorns (2039 m) hinauf. Hier bietet sich uns ein berauschender Rundumblick über die Allgäuer und Vorarlberger Bergwelt bis weit hinein in die Schweiz.

Vom Gipfel gehen wir anschließend wieder kurz nach Süden hinab und biegen an einer kleinen Senke links auf einen schmalen, rotweiß markierten Steig ab. Zu Beginn führt er teils steil und rutschig durch die Ostflanke des Grünhorn hinab, aber dann ohne Probleme

am Ostrücken entlang in die Ochsenhofer Scharte (1850 m). Wem der Weg jetzt zu steil und anstrengend ist, der kann sowohl von hier als auch von einer Scharte nach den Ochsenhofer Köpfen rechts zum einfachen, weiter oben beschriebenen Panoramweg absteigen, der an der Starzel-Alpe abzweigt.

Über den schmalen Bergkamm zum Walmendinger Horn Wir folgen in der Ochsenhofer Scharte geradewegs dem steinigen, weiß-blau-weiß markierten Steig, der teils steil aufwärts führt und nun etwas Trittsicherheit verlangt. Über den gezackten Kamm der Ochsenhofer Köpfe, von denen wir die Blicke nach links über das Schwarzwassertal zum Hohen Ifen und nach rechts über das Kleinwalsertal zum Widderstein genießen, steigen wir in einen Sattel. Hier bietet sich zum letzten Mal die Möglichkeit, links zum Panoramaweg abzusteigen. Vom Sattel führt uns der schmale Steig anschließend nochmals anstrengend bergauf, bis wir auf dem teils felsigen Weglein in leichtem Auf und Ab den aussichtsreichen Muttelbergkopf (1989 m) ersteigen.

Vor uns liegt nun der schwierigste Abschnitt des gesamten Weges. Vom Gipfel geht es jenseits am Grat entlang teils steil und felsig abwärts, ehe wir den letzten Felskopf im Gratverlauf erklimmen. Die steilsten Wegstellen

Das Grünhorn begeistert ähnlich wie das allerdings viel bekanntere Fellhorn mit einer artenreichen Flora.

liegen hinter uns und ohne weitere Probleme geht es über Blockwerk abwärts zu Alpwiesen. Vorbei an einem Lift des Skigebietes wandern wir zu einem ruppigen Fahrweg, dem wir zu einer Wegkreuzung am Fuß des Walmendinger Horns hinab folgen. Ein Gegenanstieg auf breitem Weg würde uns von hier zur Bergstation der Walmendinger-Horn-Bahn bringen, mit der man nach Mittelberg hinabschweben kann.

Der Abstieg nach Baad Wir wollen allerdings wieder zu unserem Ausgangspunkt in Baad absteigen und wandern deshalb auf dem Fahrweg rechts abwärts. Wir ignorieren die rechts zur Lüchle-Alpe und nach Baad abzweigenden Wege und wechseln bald leicht links haltend auf einen breiten, zur Stutz-Alpe und nach Baad ausgeschilderten Wanderweg. Der Weg quert links abwärts durch die bewaldete Südflanke des Walmendinger Horns und

läuft dann im Zick-Zack zu einer breiten Forststraße hinab. Dieser folgen wir nach links und biegen nach kurzer Strecke erneut links auf eine abwärts laufende Schotterstraße, die uns in wenigen Minuten zur bewirtschafteten Stutz-Alpe (1500 m) bringt. An der aussichtsreich gelegenen Alpe gönnen wir uns eine letzte Rast, ehe wir den Schlussabstieg nach Baad in Angriff nehmen.Direkt unterhalb der Alphütte leitet uns ein schmaler, nach Baad ausgeschilderter Wanderweg rechts über die Wiesen. Er führt uns durch den angenehm schattigen Wald abwärts zu einer Forststraße. Auf ihr gehen wir nur wenige Meter nach links und finden dann die Fortsetzung des schmalen Weges, die uns rechts abwärts zu einem geteerten Wanderweg bringt. Auf ihm wandern wir nach rechts. Nach einer Brücke geht es links abwärts über Wiesen und am kleinen Kirchlein von Baad vorbei zum Ausgangspunkt im Talgrund.

30 Hoher Ifen und das Gottesackerplateau
Durch ein Meer aus Stein

4 Std. | 12 km | 540 m / 850 m

WEGVERLAUF
Bergstation »Ifen 2000« – Bergadler-Hütte – Gottesacker-Alpe – Schneiderküren-Alpe – Unterwald – Talstation »Ifen 2000«

CHARAKTER
Die teils weglose Überquerung des Gottesackerplateaus verlangt Orientierungssinn und sollte bei schlechter Sicht keinesfalls unternommen werden. Der Abstecher zum Hohen Ifen führt durch die mit Drahtseilen gesicherte Ifen-Mauer und bleibt dem trittsicheren Bergsteiger vorbehalten. Der Hohe Ifen bietet eine herrliche Rundumsicht und auf dem Gottesackerplateau kann man die bizarre Welt einer hochalpinen Karstlandschaft erleben. Am Abstiegsweg liegt ein rekonstruiertes Lager steinzeitlicher Jäger, das vor einigen Jahren nahe der Schneiderküren-Alpe entdeckt wurde.

AUSGANGS- UND ENDPUNKT
Die Berg- bzw. Talstation des Sesselliftes »Ifen 2000«. (Seilbahninfo Tel. 0700/ 55 53 38 88, aus Österreich 0820/94 94 98).

ANFAHRT
Mit dem Pkw auf der B 19 durch das Iller- und das Kleinwalsertal nach Riezlern. Am südlichen Ortsrand von Riezlern biegt man nach der Breitachbrücke rechts in die beschilderte Zufahrtsstraße zur Talstation des Sessellifts »Ifen 2000« ein. Von der Bahnstation in Oberstdorf gute Busverbindungen nach Riezlern, von dort Busverbindung zur Talstation des Ifenliftes.

GEHZEITEN
Bergstation Ifen 2000 – Bergadler-Hütte 1.30 Std. – Gottesacker-Alpe 0.45 Std. – Unterwald 1.15 Std. – Talstation Ifen 2000 0.30 Std.

BESTE JAHRESZEIT
Mitte Juni bis Oktober

KARTE
Topografische Karte 1:50 000 des Bayer. Landesvermessungsamtes, Blatt Allgäuer Alpen.

EINKEHR
In der Ifenhütte, in der Bergadler-Hütte

INFORMATION
Kleinwalsertal Tourismus, Im Walserhaus, A-6992/D-87568 Hirschegg, Tel. +43/(0) 5517/511 40, Fax +43/(0) 5517/ 51 14 21, E-Mail: info@kleinwalsertal.com, www.kleinwalsertal.com

Westlich über dem Kleinwalsertal erhebt sich die geheimnisvolle Karstfläche des Gottesackerplateaus, einer der eigenwilligsten Bergformationen im weiten Umkreis. Die in der Kreidezeit abgelagerten wasserlöslichen Kalkschollen sind schutzlos Wind und Wetter ausgesetzt. So erodiert Wasser den Bergstock zu einer bizarren Welt aus messerscharf ziselierten Karren und tiefen Schlünden. Regen und Schmelzwasser wird von riesigen Höhlensystemen verschluckt und tritt erst talwärts in Karstquellen wieder zu Tage. Umso mehr verwundert es, dass diese scheinbar ausgebleichte und öde Landschaft, in der Nebel alle Konturen verwischen kann, die Heimat einer vielfältigen Pflanzenwelt ist. Auf der Wanderung über das Gottesackerplateau wird jeder Naturfreund von den besonderen Reizen dieser Landschaft begeistert sein. Gute Bergsteiger können zuvor noch einen Abstecher auf den Hohen Ifen unternehmen, der ebenfalls aus kreidezeitlichen Kalkschichten aufgebaut ist. Von seinem Gipfel hat man nicht nur eine berauschend schöne Fernsicht, sondern auch informative Nahblicke auf das Gottesackerplateau, das sich zu Füßen des Hohen Ifen ausbreitet.

Vom Ifenlift zum Gottesackerplateau An der Bergstation des Sessellifts »Ifen 2000« gehen wir unter der Bahn durch zur nahen Ifenhütte. Hier beginnt ein geteerter Wanderweg, der in Serpentinen durch die steilen Alpwiesen nach oben führt. Wir erreichen eine Hangkante, an der unser Weg in einen steinigen Steig übergeht. Vor uns zieht die Ifenmulde am Fuß der lang gestreckten Ifenmauer, deren Felswände in verschiedenen Farben leuchten, bergan. Weiter an der rechten Seite des Tales aufwärts zu einer Weggabelung, an der der rot markierte Weg zum Hohen Ifen links abzweigt. Wer nur das Gottesackerplateau überqueren möchte, der folgt hier geradeaus dem Steig, der bald durch felsiges Gelände zur Bergadler-Hütte hinaufführt. Dort treffen beide Wegvarianten wieder zusammen.

Abstecher zum Hohen Ifen (200 Höhenmeter und zirka 1 Std. zusätzlich) Wer zum Hohen Ifen aufsteigen will, der folgt an der Weggabelung in der Ifenmulde dem linken Weg, der noch kurz rechts der Talmulde bleibt. An den folgenden Wegverzweigungen gehen wir immer links und erreichen den steilen Geröllhang, der zu den Wänden der Ifenmauer hinaufzieht. Über den anfangs groben Schotter steigen wir auf dem deutlichen Weg bergan, der uns in teils steilen und anstrengenden Serpentinen zum Fuß der Wände hinaufführt.

Dort biegt rechts der Weg ab, der uns später zum Gottesackerplateau bringen wird.
Wir steigen jedoch nach links in die gestufte Wand, durch die der Weg über teils seilgesicherte Felsbänder zu den Bergwiesen auf der Hochfläche führt. Nach Süden geht der Blick über das Schwarzwassertal zum Widderstein und zu den Bergen des Lechquellengebirges. Der Weg knickt nach rechts ab und führt nahe der Steilabbrüche bergan. Eine von hellgrauen Felstürmen überragte Scharte gewährt uns einen Einblick in die schattigen

Unterhalb der Steilwände des Hohen Ifen führt uns der Weg durch die Ifenmulde bergan.

113

DAS GOTTESACKERPLATEAU

Auf einer Fläche von neun Quadratkilometern dehnt sich eine der eigenwilligsten Landschaften der Allgäuer Alpen aus – das Gottesackerplateau. Die Hochfläche wird wie auch das angrenzende Ifenmassiv großteils durch so genannte Schrattenkalke aufgebaut, die vor ca. 100 Millionen Jahren im kreidezeitlichen Meer abgelagert wurden. Wasser formte aus dem löslichen Gestein im Laufe der Zeit eine typische Karstlandschaft. Bizarre Rillen und Karren überziehen die Gesteinsoberfläche und durch Schlünde und Dolinen wird das Regen-wasser in den ausgehöhlten Untergrund geleitet. Eine überraschend große Anzahl teils seltener Pflanzen findet auf der aus-getrockneten, sonnenüberfluteten Hochfläche in Rissen und Spalten eine Nische zum Überleben.

Schutthänge abwärtsführt. Nach einem kurzen Anstieg erreichen wir die Wegspur zum Hahnenköpfle, der wir rechts abwärts folgen. Nach kurzer Strecke erreichen wir den Anstiegsweg zum Gottesackerplateau. Er führt uns links hinauf zur nahen Bergadler-Hütte. Spätestens hier sollte man sich nochmals vergewissern, dass das Wetter hält und nicht mit Wolken oder Nebel zu rechnen ist.

Über das eigenwillige Gottesackerplateau

Mit dem Wegweiser »Gottesacker-Plateau« geht es auf gelb markierter Wegspur auf die grauen Karrenfelder. Bei genauem Hinsehen entdecken wir in den Rissen und Spalten eine Vielzahl von Pflanzen. Diese Überlebenskünstler haben in dieser harten, unwirtlichen Umgebung ihre Nische gefunden. Wir wandern, bestens geleitet durch die ausgezeichneten gelben Markierungen, über ein erstes Karrenfeld und steigen mit Hilfe von Metallklammern auf einen niedrigen Rücken. Über Kalkfelsen, kleine Bergwiesen und durch Latschenfelder, vorbei an schmalen Spalten und tiefen Dolinen, führt uns der schmale Steig im Auf und Ab über das bizarre Plateau.

Kurz bevor der Anstieg zur Torkopfscharte an den Oberen Gottesackerwänden beginnt, erreichen wir auf den ebenen Wiesen der verfallenen Gottesacker-Alpe eine Wegkreuzung. Wir biegen rechts in den zum Kleinwalsertal

Das Wasser hat am löslichen Gestein des Gottesackerplateaus fein zisilierte Kunstwerke geschaffen.

Felswände des Hohen Ifen, an die die zu Fels erstarrten Wogen des Gottesackerplateaus branden.

Über Bergwiesen führt der Steig aufwärts zur Wegkreuzung, an der links der Steig zur Schwarzwasserhütte abzweigt. Wir gehen jedoch geradeaus und erreichen nach wenigen Minuten das Kreuz auf dem Gipfel des Hohen Ifen (2229 m). Steil brechen die Nordwände zum Gottesackerplateau ab, über das der Blick zu den Bergen der Hörnergruppe geht. Im Südwesten entdecken wir am Horizont die Gletschergipfel der Glarner Alpen und im Südosten wogen die Bergkämme im Herzen der Allgäuer Alpen.

Nach der Gipfelrast steigen wir über den Anstiegsweg wieder zur Wegkreuzung am Fuß der Ifenwände hinab. Wir folgen geradeaus dem gelb markierten Steig, der durch die

ausgeschilderten Weg ein, der rechts abwärts verläuft. Er führt uns in eine schluchtartige, zwischen bizarr verwitterten Kalkfelsen eingelassene Karstgasse. Wir wandern auf den Allgäuer Hauptkamm mit Krottenkopf, Mädelegabel und Hohem Licht zu, der über das Fellhorn und die Schafalpköpfe zu uns herüberschaut. Die enge Gasse, die sich bald zu einem Tal weitet, gibt uns den Weg vor. Immer nahe dem Talgrund führt uns der rot markierte Steig zur Waldgrenze hinab. Kurz darauf erreichen wir die Jagdhütte auf der Schneiderküren-Alpe, an der sich herrlich rasten lässt. Hier wurde vor wenigen Jahren unter den überhängenden Felswänden ein Lagerplatz entdeckt, den Steinzeitmenschen in der warmen Jahreszeit als Ausgangspunkt für Jagdzüge auf dem Gottesackerplateau nützten. Nach den archäologischen Ausgrabungsarbeiten wurde das Jagdlager rekonstruiert und bietet jetzt einen Einblick in die steinzeitliche Lebensweise. Nicht nur Ötzi liefert also den Beweis, dass schon in der Steinzeit Menschen im Hochgebirge unterwegs waren.

Zurück in das Kleinwalsertal Entlang den hellen Felswänden zur Linken führt unser Weg ein Stück steiler bergab. Bald schlängelt er sich angenehm durch den Hochwald abwärts und überquert eine erste Forststraße. Auf weichem Waldweg wandern wir durch Blaubeerfelder zu einer weiteren Forststraße, auf die wir links einschwenken. Wir folgen ihr abwärts, bis sie auf den Wiesen von Unterwald auf eine schmale Teerstraße trifft. Wir folgen dem Wegweiser zur Auenhütte, die neben der Talstation des Ifenlifts steht, nach rechts. An der nächsten Gabelung gehen wir geradeaus aufwärts und dann links zu den Häusern von Oberwald. Hier finden wir rechts einen geteerten Fußweg, der steil aufwärts führt. Kurz nach dem Bergheim Wäldele wechseln wir geradeaus auf einen breiten Weg, der uns über eine bewaldete Kuppe zur Talstation des Ifenlifts bringt.

Vom Gipfel des Hohen Ifen genießt man herrliche Blicke auf das Gottesacker-plateau und zur Allgäuer Bergwelt.

31 Vom Riedbergpass auf den Besler
Felsburg über dem Riedbergpass

3.45 Std. | **10 km** | **je 580 m**

WEGVERLAUF
Passstraße – Schönberg-Alpe – Besler – Obere Gund-Alpe – Herzberg-Alpe – Schönberg-Alpe – Passstraße

CHARAKTER
Nach einem steilen Aufstieg zu Beginn eine einfache, aussichtsreiche Rundtour auf schmalen Wegen. Vom Gipfel bieten sich herrliche Blicke über das Illertal zu den Allgäuer Hochgipfeln. Beim kürzesten Abstieg vom Gipfel ist ein kurzer Klettersteig zu überwinden, der allerdings problemlos umgangen werden kann. Steigt man auf dem Anstiegsweg wieder zum Riedbergpass ab, wird die Tour deutlich verkürzt.

AUSGANGS- UND ENDPUNKT
Der Parkplatz am Riedbergpass oder der Alpwegabzweig zur Schönberg-Alpe 500 m südwestlich der Passhöhe Richtung Balderschwang. Dort sind die Parkmöglichkeiten jedoch eingeschränkt.

ANFAHRT
Mit dem Auto auf der B 19 durch das Illertal nach Fischen und dort auf der nach Balderschwang ausgeschilderten Straße bis zum Riedbergpass. In Fischen Bahnanschluss. Von Oberstdorf über Fischen Buslinie nach Balderschwang mit Haltestelle auf dem Riedbergpass.

GEHZEITEN
Riedbergpass – Schönberg-Alpe 0.15 Std. – Besler 1.15 Std. – Herzberg-Alpe 1 Std. – Riedbergpass 1.15 Std.

BESTE JAHRESZEIT
Juni bis Oktober.

KARTE
Topografische Karte des Bayer. Landesvermessungsamtes 1:50 000, Blatt Allgäuer Alpen.

EINKEHR
Keine.

INFORMATION
Gäste-Info Balderschwang, Dorf 16, 87538 Balderschwang, Tel. 08328/10 56, Fax 08328/265, E-Mail: info@balderschwang.de, www.balderschwang.de

Im Süden bewacht die Felsburg des Beslers mit ihren steilen Wänden und Zinnen den Riedbergpass, über den seit den 60er-Jahren Deutschlands höchste Passstraße vom Illertal ins beschauliche Bergdorf Balderschwang führt. Aufgebaut ist das Felsmassiv des Beslers wie auch das Gottesackerplateau oder die Schluchtwände der Breitachklamm aus harten Schrattenkalk, der in der Kreidezeit vor ca. 100 Millionen Jahren im Meer abgelagert wurde. Trotz seiner vergleichsweise geringen Gipfelhöhe bietet der Besler dank seiner gegen das Illertal vorgeschobenen Lage eine herrliche Aussicht auf die Allgäuer Berge und Täler.

Über steile Hänge zum Besler Vom Parkplatz auf dem Riedbergpass (1406 m) gehen wir zur Passstraße und folgen ihr abwärts Richtung Balderschwang. Nach ca. 500 Metern biegen wir links auf eine zum Besler ausgeschilderte Alpstraße, die uns zur nahen Schönberg-Alpe führt. Wir gehen rechts an der Alphütte vorbei und auf Gras bewachsenem Weg aufwärts. Die Abzweigung in das Lochbachtal bleibt rechts und wenig höher wechseln wir am Ende des breiten Weges auf einen schmalen Steig.

Dieser schlängelt sich links über teils steile Hänge aufwärts, bis zu einer Wegkreuzung vor den senkrecht abfallenden Nordwänden des Beslers. Geradeaus führt unterhalb der Wände die als Königsweg beschilderte leichte Abstiegsvariante, auf der man den kurzen Klettersteig umgehen kann. Wir halten uns hier aber rechts, überqueren den Bergkamm und steigen auf der Südseite wenige Meter zu einem breiten Querweg ab. Er führt uns links bald ansteigend zum Kreuz am Ostrand des Gipfelplateaus des Beslers (1679 m). Von dort haben wir einen herrlichen Blick über das mit herbstlichem Nebel gefüllte Illertal zu den schneebedeckten Gipfeln der Allgäuer Alpen.

Verschiedene Varianten für den Rückweg
Für den Abstieg bieten sich mehrere Wegmöglichkeiten an. Entweder wandern wir auf dem Aufstiegsweg zurück bis zur Wegkreuzung unter den Nordwänden des Beslers und dort auf dem Königsweg rechts am Fuß der Felsmauer entlang nach Osten. Klettergewandte und schwindelfreie Bergsteiger gehen vom Gipfelkreuz nur wenige Meter abwärts und finden dann rechts den Beginn des kurzen Klettersteigs, der durch die niedrige, aber nahezu senkrechte Nordwand des Beslers bergab führt. Am Wandfuß treffen beide Routen wieder zusammen. Der Steig führt uns nun ein Stück über den Grat abwärts und läuft bald nach rechts zur Oberen Gund-Alpe hinab.

Wir halten uns der Wegweisung nach Obermaiselstein folgend links und wandern geradewegs über sonnige Alpwiesen, bis der Weg vor dem Geißwiedenkopf nach links über den Bergkamm schwenkt. Dann steigen wir durch den Waldhang in weiten Kehren abwärts zu einer Wegkreuzung vor einigen Jagdhütten. Geradeaus führt der Königsweg als interessante Alternative für jene, die nicht mit eigenem Fahrzeug angereist sind, hinab nach Obermaiselstein oder zur Sturmannshöhle.

Wir steigen jedoch links in Richtung Herzberg-Alpe und Riedbergpassstraße auf bald steilem Weglein ab, bis uns ein Wirtschaftsweg links zur nahen Herzberg-Alpe bringt. Unterhalb der Alphütte biegen wir links auf einen Wirtschaftsweg, der in einen teils feuchten Wanderweg übergeht und uns über die Alpweiden geradewegs hinauf zur Schönberg-Alpe führt. Rechts geht es auf bekanntem Weg zurück zum Riedbergpass.

DIE STURMANNSHÖHLE

Am östlichen Fuß des Beslers liegt südlich von Obermaiselstein die Sturmannshöhle, die einzige Schauhöhle in weitem Umkreis. Groß und Klein sind fasziniert von dieser dunklen, feuchten und kühlen Unterwelt, die man auf einer halbstündigen Führung erkunden kann. Enge Felsgänge, der tosende Höhlenbach und ein malerischer Höhlensee machen den Besuch der Höhle zu einem ganz besonderen Erlebnis. Geöffnet ist die Sturmannshöhle ca. von Mitte Mai bis Mitte Oktober (Tel. 08326/383 09).

Vom isolierten Gipfel des Besler bietet sich ein herrlicher Blick über das tief eingeschnittene Illertal.

4 Std. 10 km je 750 m

WEGVERLAUF
Balderschwang – Untere Balderschwanger-Alpe – Heidenkopf – Siplingerkopf – Obere Wilhelminen-Alpe – Balderschwang

CHARAKTER
Eine aussichtsreiche Wanderung auf Alpstraßen und schmalen Steigen. Der direkte An- und Abstiegsweg von der Unteren Balderschwanger-Alpe zum Siplingerkopf ist einfacher als der Anstieg über den Heidenkopf und der Abstieg zur Oberen Wilhelmine-Alpe und daher besser für Kinder geeignet. Der Siplingerkopf bietet eine herrliche Aussicht und am Aufstiegsweg findet man mit der »Eibe von Balderschwang« eine der ältesten Pflanzen in Europa.

AUSGANGS- UND ENDPUNKT
Der Abzweig eines Alpweges ca. 400 Meter östlich von Balderschwang nahe dem Hof »Bin schwarza Stürer«.

ANFAHRT
Mit dem im Illertal bei Fischen von der B 19 auf die nach Balderschwang ausgeschilderte Straße, die über den Riedbergpass zum Ausgangspunkt führt. Parkmöglichkeit am Straßenrand. Gute Busverbindung von Balderschwang über den Riedbergpass nach Fischen und Oberstdorf.

GEHZEITEN
Balderschwang – Untere Balderschwanger-Alpe 0.55 Std. – Heidenkopf 1.15 Std. – Siplingerkopf 0.35 Std. – Balderschwang 1.15 Std.

BESTE JAHRESZEIT
Juni bis Oktober

KARTE
Topografische Karte 1:50 000 des Bayer. Landesvermessungsamtes, Blatt Allgäuer Alpen.

EINKEHR
In der Unteren Balderschwanger-Alpe.

INFORMATION
Gäste-Info Balderschwang, Dorf 16, 87538 Balderschwang, Tel. 08328/10 56, Fax 08328/265, E-Mail: info@balderschwang.de, www.balderschwang.de

Ein felsdurchsetzter Bergkamm verbindet den Heidenkopf mit dem Siplingerkopf.

Erst im 18. Jahrhundert entstand in dem bis dahin nur als Alpweide genutzten Balderschwanger Tal das ganzjährig bewohnte Dorf Balderschwang. Lange Zeit war die Entwicklung des zu Deutschland gehörenden Ortes dadurch behindert, dass es nur von Österreich her erreichbar war. Erst durch die 1961 gebaute Riedbergpassstraße entwickelte sich das kleine Bergdorf zu einer respektablen Fremdenverkehrsgemeinde. Wer sich für Naturphänomene interessiert, der findet an unserem Anstiegsweg zum Siplingerkopf die »Eibe von Balderschwang«, die mit einem geschätzten Alter von 2000–4000 Jahren zu den ältesten Pflanzen in Europa zählt.

Sonniger Aufstieg zum Heidenkopf Vom Hof »Bin schwarza Stürer« führt uns eine geteerte Alpstraße zur uralten »Eibe von Balderschwang«, die bald auf den sonnigen Weiden links der Straße steht. Weiter wandern wir auf der Teerstraße an der Oberen Socher-Alpe vorbei durch die Südhänge des Siplingerkopfes bergan, bis wir oberhalb der Unteren Balderschwanger-Alpe eine flache Talmulde erreichen. Dort biegen wir rechts auf einen schmalen, zum Siplingerkopf ausgeschilderten Steig ab. Nach einem nahen Zaun halten wir uns rechts und steigen an einzeln stehenden Fichten zu einer Wegkreuzung. Wer nicht ganz trittsicher oder mit Kindern unterwegs ist, der wählt hier den rechten Weg, der direkt zum Siplingerkopf hinaufführt, sowohl für den Anstieg wie für den Abstieg.
Wir halten uns hier jedoch links und folgen der schmalen Spur, die uns durch felsdurchsetzte Bergwiesen und links einer bizarren Nagelfluhwand zu einer Kreuzung auf dem Bergrücken bringt. Auf ihm steigen wir nach rechts und umgehen einen ersten Felskopf mit Hilfe eines Drahtseiles. Über einige harmlose Felstürme und durch eine enge Felsgasse klettern wir auf den kreuzgeschmückten Gipfel des Heidenkopfes (1645 m). Zum ersten Mal öffnet sich der Blick nach Norden zum Hochgrat und Rindalphorn und wir können den folgenden Wegabschnitt zum Siplingerkopf überblicken.

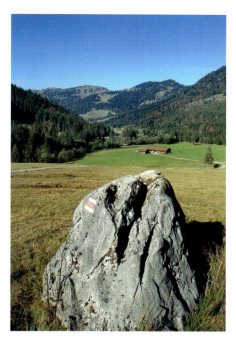

Über den Bergkamm zum Siplingerkopf
Vom Gipfel führt uns ein guter Steig in eine bewaldete Scharte, von der aus wir auf einem schmalen Grat einen Bergkopf ersteigen. Jenseits geht es über einen Grat in eine von eigenartigen Nagelfluhfelsen überragte Scharte hinab. Ein rot markiertes Weglein leitet uns anschließend über eine niedrige Wandstufe zu einem bewaldeten Bergkamm, auf dem wir auf den einfacheren Anstiegsweg treffen. Entweder über den felsigen Grat oder auf dem einfacheren Weg wenige Meter rechts steigen wir zu einer Scharte hinauf, von der wir links nach wenigen Metern das Gipfelkreuz auf dem Siplingerkopf (1746 m) erreichen. Hier öffnet sich eine nahezu grenzenlose Rundumsicht. Im Osten und Süden ragen über dem Illertal die Gipfel der Allgäuer Hochalpen auf und im Westen reicht der Blick über Vorarlberg und das Rheintal bis weit in die Schweizer Bergwelt.

Zurück ins Balderschwanger Tal Vom Gipfel gehen wir wieder in die nahe Scharte und folgen dem zur Oberen Wilhelmine-Alpe ausgeschilderten Steig, der in gleich bleibender Höhe durch Grashänge zum Ostrücken führt. Auf ihm steigen wir zu einer Steilrinne hinab, durch die uns ein lehmiges Weglein weiter bergab führt. Bald queren wir mit Hilfe einer

Kette rechts einen Gratrücken zu einer weiteren Rinne, durch die wir schnell den Bergfuß erreichen. Nun geht es in gleich bleibender Höhe durch den Wiesenhang, bis wir rechts zur nahen Oberen Wilhelmine-Alpe absteigen können. Von der Alpe wandern wir auf dem Alpsträßchen abwärts zu der vom Anstieg her bekannten Teerstraße, die links an der »Alten Eibe« vorbei zum Ausgangspunkt bei Balderschwang hinabführt.

33 Weiherkopf und Rangiswanger Horn
Die sanfte Panoramatour

3.15 Std. **8,5 km** **290 m / 870 m**

WEGVERLAUF

Hörnerbahn-Bergstation – Weiherkopf – Rangiswanger Horn – Kierwang – Hörnerbahn-Talstation

CHARAKTER

Eine einfache Aussichtstour, die dank der Auffahrt mit der Hörnerbahn großteils bergab führt. Vor allem der Blick hinab ins Illertal, über dem die Allgäuer Hochgipfel aufragen, wird jeden Naturfreund begeistern. Wer mit öffentlichen Verkehrsmitteln angereist ist und nicht zum Ausgangspunkt zurückkehren muss, kann die Wanderung über den Bergkamm noch weiter nach Norden ausdehnen.

AUSGANGS- UND ENDPUNKT

Die Bergstation bzw. Talstation der Hörnerbahn in Bolsterlang (Seilbahnauskunft Tel. 08326/90 93 oder 90 91).

ANFAHRT

Mit dem Auto auf der B 19 durch das Illertal nach Fischen und von dort der Wegweisung nach Bolsterlang und zur Hörnerbahn folgen. Gute Busverbindungen aus dem Illertal nach Bolsterlang.

GEHZEITEN

Hörnerbahn-Bergstation – Weiherkopf 0.30 Std. – Rangiswanger Horn 0.45 Std. – Kierwang 1.30 Std. – Hörnerbahn-Bergstation 0.30 Std.

BESTE JAHRESZEIT

Juni bis Oktober

KARTE

Topografische Karte 1:50 000 des Bayer. Landesvermessungsamtes, Blatt Allgäuer Alpen.

EINKEHR

An der Hörnerbahn-Bergstation, in Kierwang und Bolsterlang.

INFORMATION

Gästeinformation Bolsterlang, Rathausweg 4, 87538 Bolsterlang, Tel. 08326/83 14, Fax 08326/94 06, E-Mail: info@bolsterlang.de, www.bolsterlang.de

Auf der Westseite des Illertals liegen auf einer erhöhten, sonnenreichen Wiesentafel die beschaulichen Urlaubsorte Bolsterlang und Ofterschwang. Über den Dörfern steigen Waldhänge und Alpweiden zu den sanft gerundeten Hörnergipfeln an. Dank der Hörnerbahn wird eine Wanderung über diesen Höhenzug, der mit herrlichen Ausblicken ins Hochgebirge überrascht, zu einem gemütlichen Ausflug für die ganze Familie.

Von der Hörnerbahn zum Rangiswanger Horn Von der Bergstation der Hörnerbahn gehen wir auf breitem Weg ein kurzes Stück abwärts und steigen dann rechts, nahe dem Waldrand, steil nach oben zum Gipfel des Weiherkopfes (1665 m). Der anstrengendste Abschnitt der gesamten Wanderung liegt nun schon hinter uns und so können wir die herrliche Aussicht in vollen Zügen genießen. Vorbei an einer Liftstation wandern wir jenseits abwärts zur Wegkreuzung an der »Märchenwiese«. Wir folgen geradeaus dem breiten, zum Rangiswanger Horn ausgeschilderten Weg, der bald in einen schmalen Steig übergeht.

In sanftem Auf und Ab führt er uns auf dem breiten, malerischen Bergrücken durch Wald und über Wiesen zu einer Wegkreuzung in einer Scharte. Rechts läuft eine kürzere und etwas einfachere Variante durch den Osthang des Rangiswanger Horns abwärts. Wir erklimmen jedoch geradewegs auf einem angenehmen Weglein das Rangiswanger Horn. Vom Gipfelkreuz bietet sich uns ein herrlicher Blick, der in alle Richtungen ungehindert über die Berge und Täler geht.

Der lange Abstieg nach Kierwang und zur Hörnerbahn Jenseits leitet uns ein teils steiler und steiniger Steig in die Scharte hinab, die das Rangiswanger vom Sigiswanger Horn trennt. Hier treffen wir wieder auf die einfachere Variante, die die Ostflanke des Rangiswanger Horns quert. Wer nicht zum Ausgangspunkt zurück muss, der kann links auf dem Panoramaweg zum Ofterschwanger Horn wandern. Wir folgen jedoch von der Wegkreuzung im Sattel in östlicher Richtung einer nach Sigiswang ausgeschilderten Wegspur, die bald nach links knickt und uns zur nahen Sigiswanger Hornalpe führt.

An der Sigiswanger Horn-Alpe beginnt der Abstieg Richtung Illertal.

Über Moorwiesen und Bergweiden führt die aussichtsreiche Wanderung zum Rangiswanger Horn.

Auf anfangs schottrigem und weiter unten geteertem Alpsträßchen geht es teils steil zur Bergpension Kahlrückenalpe hinab. Hier wechseln wir rechts auf einen Wirtschaftsweg und biegen nach 250 Metern links auf eine Wegspur, die uns über eine Wiese führt. Wir passieren ein Türchen und gelangen in den Wald, wo wir auf einem schönen Weglein abwärtswandern, bis uns eine Brücke rechts über den Bach zu einer Alphütte bringt. Wir folgen jetzt einem Feldweg, der sich durch die Wiesen abwärts in ein Tal schlängelt. Dort führt uns eine schmale Holzbrücke rechts über den Bach zu einem Wirtschaftsweg. Wir halten uns links und wandern am herrlich gelegenen Hofgebäude von Hageberg vorbei geradeaus nach Kierwang. An der ersten Kreuzung gehen wir rechts und bald auf dem »Angerweg« erneut rechts aus dem Dorf. Unterhalb eines allein stehenden Hofes zweigen wir links auf den »Bergblickweg« ab, der uns über Wiesen und durch Wald sanft ansteigend zu einer Forststraße leitet. Sie bringt uns links zurück zur Talstation der Hörnerbahn.

34 Rundtour über das Immenstädter Horn
Hoch über dem Alpsee

4.30 Std.   10,5 km   je 900 m

WEGVERLAUF
Immenstadt – Kanzel – Immenstädter Horn – Kessel-Alpe – Rabennest-Alpe – Bühl am Alpsee – Immenstadt

CHARAKTER
Eine meist einfache Rundwanderung auf schmalen Steigen und gemütlichen Alpwegen. Zu Beginn fordert allerdings ein lang gezogener und teils steiler Anstieg eine gute Kondition. Die Tour bietet herrliche Ausblicke über die Oberallgäuer Täler und Berge und eindrucksvolle Tiefblicke auf den Alpsee.

AUSGANGS- UND ENDPUNKT
Der südlich des Bahnhofs am Ortsrand von Immenstadt gelegene Friedhof.

ANFAHRT
Mit dem Auto auf der B 308 in Richtung Oberstaufen durch Immenstadt und vom zweiten Kreisverkehr nach dem Bahnhof der Beschilderung zum Friedhof folgen. Der Friedhof liegt wenig südlich des Bahnstation von Immenstadt jenseits der Gleise am Fuß des Immenstädter Horns.

GEHZEITEN
Immenstadt – Immenstädter Horn 2.15 Std. – Bühl am Alpsee 1.15 Std. – Immenstadt 1 Std.

BESTE JAHRESZEIT
Von Juni bis in den Spätherbst.

KARTE
Topografische Karte des Bayer. Landesvermessungsamtes 1:50 000, Blatt Allgäuer Alpen.

EINKEHR
In Bühl am Alpsee und Immenstadt.

INFORMATION
Gästeinformation Immenstadt, Marienplatz 12, 87 509 Immenstadt, Tel. 08323/91 41 76, Fax 08323/91 41 95, E-Mail: info@immenstadt.de, www.immenstadt.de

Trotz seiner geringen Höhe bietet das Immenstädter Horn dank seiner vorgeschobenen und isolierten Lage eine herrliche Aussicht. Hat man den langen und steilen, aber schattigen Anstieg zu Beginn hinter sich gebracht, begeistert vor allem immer wieder der Tiefblick auf die tiefblaue Wasserfläche des Großen Alpsees.

Steil hinauf zum Immenstädter Horn Wir gehen links am Friedhof von Immenstadt vorbei und nehmen an der Weggabelung die rechts ansteigende Teerstraße. Ab hier sind bis zum Gipfel des Immerstädter Horns für uns immer die Wegweisungen Horn oder Immenstädter Horn maßgeblich. Nach ca. 150 Metern biegen wir rechts auf einen geteerten Weg und nach kurzer Strecke wiederum rechts in einen schmalen Wanderweg. Nach wenigen Schritten steigen wir links über den steilen Waldhang in engen Serpentinen aufwärts. Der steile Beginn des Weges ist recht anstrengend. Weiter oben legt sich der Hang etwas zurück und der Weg führt uns zum herrlichen Aussichtspunkt auf der Kanzel (1166 m).
Anschließend bringt uns der Steig am Bergkamm zu einem letzten Steilhang. Oberhalb wandern wir über einen breiten Rücken zu einer Forststraße. Auf dieser gehen wir nach rechts und wechseln an einer scharfen Rechtskurve links in einen schmaleren Forstweg. Dort halten wir uns nach wenigen Metern rechts und folgen einem wurzeligen Waldweg, der uns ohne große Anstrengung zu einer kleinen Unterstandshütte führt. Vom großen Gipfelkreuz auf dem Immenstädter Horn (1489 m), das wir uns rechts haltend nach wenigen Schritten erreichen, bietet sich uns ein fantastischer Tiefblick auf den lang gezogenen Alpsee.

Über Bühl zurück nach Immenstadt Vom Gipfelkreuz gehen wir wieder zurück zur nahen Unterstandshütte und dort an der Wegkreuzung ge-

radeaus Richtung Kessel-Alpe und Bühl. Über steile Bergmatten führt uns der Steig abwärts zu einer Wegkreuzung an der einsam gelegenen Kessel-Alpe. Wir halten uns rechts und wandern vorbei an rauschenden Wasserfällen, die neben unserem Weg über die Konglomeratfelsen stürzen, hinab zur großen Rabennest-Alpe. Dann wechseln wir geradewegs auf das Alpsträßchen und halten uns an der folgenden Wegkreuzung rechts. Vorbei an der Hochbergalpe bringt uns die Schotterstraße geradewegs zum Bühler Ortsteil Rieder hinab. Auf der Teerstraße wandern wir rechts haltend durch den Ort abwärts und biegen dann nach einem steiler abfallenden Wegstück am Rand von Bühl rechts in die Straße »Unterm Horn«.

Zurück nach Immenstadt folgen wir permanent der Beschilderung »Hornweg«. Nach 100 Metern halten wir uns links und wandern geradewegs zu einem Bach, vor dem rechts ein schmaler Wanderweg abzweigt. Er führt uns durch urwüchsige Nagelfluhlandschaft vorbei an sprudelnden Bächen und moosbewachsenen Felsblöcken kurz aufwärts und leitet uns schließlich im Auf und Ab durch die Nordhänge des Immenstädter Horns. Oberhalb von Immenstadt treffen wir auf unseren morgendlichen Aufstiegsweg, der uns in wenigen Minuten zu unseren Ausgangspunkt am Friedhof von Immenstadt hinabbringt.

Am Gipfel des Immenstädter Horns bietet sich ein imposanter Tiefblick zur blauen Wasserfläche des Alpsees.

EINKEHREN IN DER IN DER IMMENSTÄDTER ALTSTADT

Nach der Tour auf das Immenstädter Horn lohnt ein Rundgang durch die Altstadt von Immenstadt, in der zahlreiche empfehlenswerte Einkehrmöglichkeiten locken. So findet man am Kirchplatz in einem der ältesten Häuser des Ortes das »Hotel Lamm« (Tel. 08323/61 92), in dem man mit schwäbischer Küche verwöhnt wird. Die bodenständige Küche des »Gasthofs Drei Könige« (Tel. 08323/86 28) am zentralen Marienplatz ist mit dem Gütesiegel »Allgäuer Qualität« ausgezeichnet.

Am Alpsee bei Immenstadt
Die große Seerunde

3 Std.   11 km   je 140 m

WEGVERLAUF
Bühl (See) – Alpsee-Bergwelt – Gschwend – Bühl (See)

CHARAKTER
Eine einfache Wanderung auf breiten Wegen, die durchgehend den Blick auf die blaue Wasserfläche des Großen Alpsees gewährt. Lediglich der Abschnitt zwischen Ratholz und Gschwend verläuft auf einem schmalen Steig und weist einige Anstiege auf.

AUSGANGS- UND ENDPUNKT
Der Parkplatz bzw. die Bushaltestelle im Bühler Ortsteil See bzw. etwas nördlich von See an der Bahnlinie. Bei Anfahrt mit dem Auto kann auch alternativ der große Parkplatz an der »Alpsee Bergwelt« als Ausgangspunkt dienen, der westlich des Alpsees an der B 308 liegt.

ANFAHRT
Mit dem Pkw auf der B 308 von Immenstadt Richtung Oberstaufen und am Ortsanfang von Bühl rechts abwärts zu den Parkplätzen im Ortsteil See oder weiter der Beschilderung folgend zu den Parkplätzen an der Bahnlinie nördlich von See. Alternativ kann man von Bühl der B 308 weiter Richtung Oberstaufen folgen und westlich des Sees an der »Alpsee Bergwelt« parken. Busverbindung von Immenstadt (Bahnstation) und Oberstaufen (Bahnstation) zur Haltestelle im Bühler Ortsteil See oder auch zur »Alpsee Bergwelt«.

GEHZEITEN
Bühl (See) – Alpsee-Bergwelt 1.30 Std. – Gschwend 1 Std. – Bühl (See) 0.30 Std.

BESTE JAHRESZEIT
Frühjahr bis Spätherbst

KARTE
Topografische Karte 1:50 000 des Bayer. Landesvermessungsamtes, Blatt Allgäuer Alpen oder Blatt Kempten.

EINKEHR
In Ratholz und Bühl.

INFORMATION
Gästeinformation Immenstadt, Marienplatz 12, 87509 Immenstadt, Tel. 08323/91 41 76, Fax 08323/91 41 95, E-Mail: info@immenstadt.de, www.immenstadt.de

Der Große Alpsee trägt zu Recht seinen stolzen Namen, denn er ist der größte Natursee im Allgäu. Eingeklemmt zwischen freundlichen Wiesenbergen im Norden und den bewaldeten Steilflanken von Immenstädter und Gschwender Horn im Süden liegt er in einem tief ausgeschürften Trogtal, durch das einstmals die Eiszeitgletscher flossen. Sie formten das Becken, in dem der See liegt. Heute lockt der Große Alpsee, der mit einer Vielzahl schöner Badestellen aufwarten kann, zahlreiche Wassersportfreunde an. In den letzten Jahren wurde ein wunderschöner Rundwanderweg angelegt, der auf weiten Strecken ausschließlich den Fußgängern vorbehalten ist. Dieser »Große Alpsee Rundwanderweg«, der durchgehend mit einem Eisvogel gekennzeichnet ist, führt uns am sonnenverwöhnten Nordufer entlang und durch die wilden Bergflanken am Südufer. Hier bieten sich von den Wiesen bei Gschwend herrliche Tiefblicke auf den See. Und kleine Bachkaskaden und die Gschwender Wasserfälle sorgen an den steilen Hängen für weitere »Wasserattraktionen«, ehe sich im nahen Bühl der Kreis der großen Seerunde schließt.

In Bühl beginnt die Wanderung rund um den Alpsee.

Auf der Sonnenseite des Großen Alpsees

In Bühl überqueren wir nahe der Seebühne die Konstanzer Ach. Cafés und Wirtschaften vermitteln an heißen Sommertagen und im milden Herbstlicht eine fast südländisch anmutende Atmosphäre. Schon jetzt denken wir an die Rückkehr nach See, wenn wir am Ende der langen Seerunde hier einkehren werden, um die Strahlen der Nachmittagssonne zu genießen. Wir schlendern auf dem Promenadenweg am östlichen Seeufer entlang zur wundervoll gelegenen Badeanstalt. Die Radfahrer müssen hier auf die Nordseite der Bahnlinie wechseln. Dort befindet sich auch ein weiterer großer Parkplatz, den man von See aus auf der ausgeschilderten Zufahrtsstraße erreichen kann. Wir bleiben jedoch links der Gleise und können auf dem neu angelegten Wanderweg direkt am Seeufer entlang wandern. In den Sommermonaten ist ein früher Aufbruch angeraten, denn die folgenden drei Kilometer entlang dem Nordufer sind stark der Sonne ausgesetzt. Entschädigt wird man mit dem Blick über den blauen See zu den dunklen Hängen des Immenstädter Horns und nach Osten zu den Hindelanger Bergen. Über Alpseewies, wo sich eine Halbinsel in den See vorschiebt, wandern wir permanent zwischen Seeufer und Bahnlinie nach Trieblings. Auch hier schiebt sich wieder eine kleine Halbinsel in

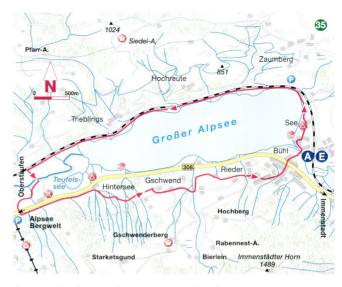

den See, zu deren naher Spitze ein schmaler Weg durch den Wald führt. Wer Lust dazu verspürt, kann hier ein wenig abseits des viel begangenen Weges seine Füße im Wasser baumeln lassen.

Weiter westlich geht der Große Alpsee in eine schilfbestandene Moorlandschaft über. Kurz folgt unser Weg noch der Bahnlinie und schwenkt dann links zur schmalen Konstanzer Ach, die still durch den flachen Wiesengrund zum Alpsee fließt. Einige Nummern zu klein erscheint das Flüsschen für das

Vom Kiesstrand in Bühl geht der Blick über den Alpsee nach Westen.

Über dem Alpsee und dem Dorf Bühl ragen die vom ersten Schnee bedeckten Allgäuer Hochgipfel auf.

riesige Tal, das die Gletscher der Eiszeit in die Bergwelt gehobelt haben. Bald wird das Flüsschen auf einem schmalen Holzsteg überquert. Im Zick-Zack geht es anschließend über die bunten Wiesen zum Gasthof Jägerhaus an der B 308.

Touristenmagnet und stille Berghänge
Jenseits, auf der anderen Seite der Bundesstraße, liegt der riesige Parkplatz der »Alpsee Bergwelt«, die täglich Tausende von Ausflüglern anlockt. Wir wollen heute jedoch die stillen Seiten der Alpseelandschaft genießen. So gehen wir nur wenige Meter die Zufahrtsstraße der »Alpsee Bergwelt« hinauf und finden dann einen Wegweiser, der uns auf einem Weg nach links leitet. Etwas oberhalb der Bundesstraße wandern wir zu einem gusseisernen Kreuz am Fuß des wilden Ratholzer Tobels. Wer Lust hat, erreicht nach wenigen Schritten diese kleine Schlucht, durch die der Bach in tosenden Kaskaden ins Tal der Konstanzer Ach rauscht. Wir folgen allerdings dem markierten Rundwanderweg. Der schmale Weg steigt durch die Wiesen zu einer Alpstraße hinauf. Auf dem Sträßchen geht es anschließend abwärts, bis wir an der nächsten Kehre wieder nach rechts auf einen schmalen Steig wechseln können. Bald quert der Weg eine steil abfallende Wiese und bie-

DIE ALPSEE BERGWELT

Westlich des Alpsees entstand an den steilen Nordhängen der Eckhalde das moderne Tourismuszentrum der »Alpsee Bergwelt«, das täglich tausende von Besuchern anlockt. Eine Sesselbahn bringt sie hinauf zum Start des so genannten »Alpsee Coaster«, der längsten Sommerrodelbahn Deutschlands. Dort oben kann der abenteuerlustige Urlauber außerdem in einem großen Waldseilgarten je nach Lust und Laune sein Gleichgewichtsgefühl und seine Schwindelfreiheit erproben. Und selbstverständlich lockt auch als klassische Attraktion ein aussichtsreiches Wandergebiet mit zahlreichen Einkehrmöglichkeiten.

tet uns einen wundervollen Blick hinab zum kleinen Seeauge des Teufelssees. Kurz darauf erreichen wir am Waldrand oberhalb von Hintersee eine Kreuzung, von der ein Weg links zur nahen Bushaltestelle von Hintersee hinabführt.

Wir befinden uns jetzt am Fuß des einzigen etwas längeren Anstieges dieser Rundtour. Der schmale, wurzelige Weg schlängelt sich durch einen steilen Waldhang, der von zahlreichen Bachläufen zerschnitten wird, nach oben. Erholsame Flachstücke wechseln im-

Unterhalb von Gschwend schickt die Abendsonne ihre letzten Strahlen zum Alpsee.

mer wieder mit kurzen, anstrengenden Anstiegen. Bald queren wir mit Hilfe von Holzstegen kurz nacheinander drei Bachläufe, die unterhalb des Weges über senkrechte, mit dicken Moospolstern überwucherte Felsbarrieren abstürzen. Kurz darauf erreichen wir den Rand der Wiesen von Gschwend. Das Weglein führt uns kurz abwärts und dann leicht ansteigend an einem ersten Haus vorbei und nach einem Bach hinaus auf die Wiesen von Gschwend.

Tief unter uns leuchtet nun die Wasserfläche des Großen Alpsees im milden Nachmittagslicht und von den Touristenströmen und der Bundesstraße ist nichts mehr zu erahnen. Eine schmale Teerstraße führt uns an der kleinen Holzkapelle von Gschwend vorbei, die uns nochmals einen herrlich aussichtsreichen Rastplatz bietet. Einige hundert Meter weiter erwartet uns ein weiteres Schaustück dieser Rundtour, die Gschwender Wasserfälle. Die malerischen kleinen Wasserfälle mit ihren drei Kaskaden liegen direkt an der schmalen Straße. Nur wenige Schritte sind es zum Becken, in das die unterste Kaskade stürzt. Hier lässt sich an heißen Sommertagen herrlich Rasten und Kinder können hier gefahrlos am und im Wasser spielen. Zu den imposanten großen Wasserfällen biegt wenige Meter weiter am Parkplatz links der ausgeschilderte

Weg ab, der nach einem sanften Gegenanstieg in Rieder wieder auf den »Großen Alpsee Rundwanderweg« trifft. Gemeinsam geht es auf der Ortsdurchfahrt von Rieder teils steil abwärts zur B 308 in Bühl. Jenseits liegt die barocke Kirche, von der uns der schmale Kirchsteig wieder zum Ausgangspunkt im Ortsteil See hinabführt.

EINKEHR IM STRANDCAFÉ

Zum Abschluss der Wanderung bietet sich eine Einkehr im »Strandcafé« in Bühl an (Tel. 08323/96 91 19). In den nostalgischen Wirtsstuben oder noch besser im wundervoll an der Uferpromenade gelegenen Biergarten werden Allgäuer Spezialitäten zu überraschend günstigen Preisen serviert.

36 Von Wiedemannsdorf zur Salmaser Höhe
Sanfte Höhen über der Konstanzer Ach

3.30 Std. 9,5 km je 600 m

WEGVERLAUF
Wiedemannsdorf – Micheles-Alpe – Salmaser Höhe – Thaler Höhe – Eggers-Alpe – Wiedemannsdorf

CHARAKTER
Eine einfache Familienwanderung auf ungefährlichen, meist breiten Wegen. Die Tour führt über aussichtsreiche Bergkuppen, die ein hervorragendes Wanderziel bieten, wenn im Hochgebirge noch oder schon Schnee liegt.

AUSGANGS- UND ENDPUNKT
Der Parkplatz bzw. die Bushaltestelle am Burgangerweg neben dem Landschulheim Adler im Ortszentrum von Wiedemannsdorf.

ANFAHRT
Wiedemannsdorf liegt zwischen Immenstadt und Oberstaufen an der B 308. Von der Bundesstraße zweigt man der Beschilderung folgend auf die Straße ab, die zum Ausgangspunkt im Zentrum von Wiedemannsdorf führt. Haltestelle der Buslinie von Immenstadt nach Oberstaufen.

GEHZEITEN
Wiedemannsdorf – Salmaser Höhe 1.45 Std. – Thaler Höhe 0.45 Std. – Wiedemannsdorf 1 Std.

BESTE JAHRESZEIT
Frühjahr bis Spätherbst.

KARTE
Topografische Karte des Bayer. Landesvermessungsamtes 1:50 000, Blatt Allgäuer Alpen.

EINKEHR
In Wiedemannsdorf.

INFORMATION
Oberstaufen Tourismus, Hugo-von-Königsegg-Str. 8, 87534 Oberstaufen, Tel. 08386/930 00, Fax 08386/93 00 20, E-Mail: info@oberstaufen.de, www.oberstaufen.de

Der niedrige, sanft geformte Bergkamm, der das Tal der Konstanzer Ach im Norden begrenzt, lädt je nach Schneelage nahezu das ganze Jahr über zu herrlichen Wanderungen ein. Hier lässt sich der Duft des Frühjahres und die sanfte Wärme der Herbstsonne genießen, während das nahe Hochgebirge noch in eine dicke Schneedecke eingepackt ist. Für die Mühen des Anstiegs wird man mit dem Blick zum Großen Alpsee, zu den dunklen Bergflanken der Hörnergruppe und über die sanfte Wiesenlandschaft im Norden bis hin zu den Schweizer Bergen belohnt.

Ein kurzer Anstieg führt uns vom breiten Talgrund der Konstanzer Ach zur Wannerles-Alpe.

Über Alpweiden zur Salmaser Höhe Vom Parkplatz in Wiedemannsdorf gehen wir auf dem »Burgangerweg« bergan. Nach wenigen Metern folgen wir geradeaus dem Wegweiser zur Salmaser Höhe und schwenken bald rechts auf einen Kiesweg. Vorbei an einem alten Hof und an der Wannerles-Alpe wandern wir hinauf zu einer Wegkreuzung im Wald. Wir folgen dem Weg, der geradeaus aufwärts führt und uns nach einem Linksknick über die Wiesen zur nahen Micheles-Alpe bringt. Unter der Alphütte gehen wir geradewegs vorbei und wandern dann auf einem Feldweg auf die Salmaser Höhe zu. Nach einem Bachlauf wechseln wir rechts auf einen schmalen, rot markierten Steig, der teils steil durch die Wiesenhänge aufwärts führt. Am Waldrand biegt er nach rechts und bringt uns zum nahen Gipfelkreuz auf der Salmaser Höhe (1254 m). Der Blick reicht im Westen an den schneebedeckten Nordflanken der Hörnergruppe vorbei bis zur tief verschneiten Schweizer Bergwelt und schweift im Osten über die himmelblaue Wasserfläche des Alpsees zu den Hängen des Grünten.

Über die Thaler Höhe zurück nach Wiedemannsdorf Unser Weiterweg führt uns vom Kreuz über die Wiese an die Nordseite der Gipfelhochfläche. Hier folgen wir dem Wegweiser nach Missen und zum Alpsee nach rechts und schlendern in sanftem Auf und Ab auf dem Bergkamm entlang. Am Abzweig nach Wiederhofen wandern wir geradewegs vorbei in Richtung Thaler Höhe zu einer mit einem Kreuz geschmückten Wiesenkuppe. Von dort leitet uns der Weg durch Wald abwärts zu einer schmalen Teerstraße. Jenseits setzt ein schmaler Weg an, der uns geradewegs einen kurzen Abstecher zur nahen Thaler Höhe (1166 m) ermöglicht.
Nachdem wir die Aussicht auf der Thaler Höhe genossen haben, wandern wir wieder zur Teerstraße zurück, folgen dieser nach links in Richtung Thalkirchdorf und wechseln nach ca. 100 Metern rechts auf einen Schotterweg. Er bringt uns zu einer nahen Weide hinab, von der wir in gleich bleibender Richtung auf einer Wegspur durch das Wiesental abwärtssteigen. Bald folgen wir einem Zaun bis zu einem Schotterweg, der uns rechts zur nahen Eggers-Alpe führt. Von der Alpe wandern wir der Beschilderung nach Thalkirchdorf und

Wiedemannsdorf nachgehend den steilen Zufahrtsweg abwärts zu einem breiteren Alpweg. Diesem folgen wir links hinab durch den Wald und über die Wiesen von Schneidberg, bis wir nahe dem Talgrund kurz nach einem Gehöft ein Quersträßchen erreichen, auf dem wir nach rechts gehen und kurz vor Wiedemannsdorf geradewegs auf einen Wanderweg wechseln. In Wiedemannsdorf stoßen wir auf eine Teerstraße, die uns links zum nahen Ausgangspunkt bringt.

An den sanften Hängen rund um die Salmaser Höhe wachsen zahlreiche geschützte Pflanzenarten.

HOTEL TRAUBE

Nahe dem Ausgangspunkt unserer Tour zur Salmaser Höhe findet man in Thalkirchdorf in einem wunderschönen, 1767 erbauten Fachwerkhaus das stilvolle »Hotel Traube« (Tel. 08325/92 00). Das Hotel bietet nicht nur angenehme Unterkunft, sondern verwöhnt die Gäste im lauschigen Biergarten oder dem urig-gemütlichen Restaurant mit vorzüglichen regionalen Schmankerln, die nach alten Rezepten aus heimischen Produkten hergestellt werden.

37 Hochgrat und Rindalphorn
Über den Hörnerkamm

4.30 Std.   13 km   350 m/1190 m

WEGVERLAUF
Hochgratbahn-Bergstation – Hochgrat – Brunnenauscharte – Rindalphorn – Gündlesscharte – Rind-Alpe – Älpele – Hochgratbahn-Talstation

CHARAKTER
Eine aussichtsreiche Rundtour, die dank der Auffahrt mit der Hochgratbahn nur wenige, nicht allzu lange Anstiege aufweist. Die schmalen Wege am Rücken des Nagelfluhkammes verlangen an einigen Stellen etwas Trittsicherheit. Wer mit öffentlichen Verkehrsmitteln anreist, der kann die Gratwanderung bis zum Mittaghorn (Seilbahn von Immenstadt) ausdehnen. Dieser Weg stellt jedoch aufgrund einiger Felsabschnitte erhöhte Anforderungen an die Wanderer.

AUSGANGS- UND ENDPUNKT
Die Berg- bzw. die Talstation der Hochgratbahn (Seilbahnauskunft Tel. 08386/82 22).

ANFAHRT
Mit dem Auto auf der B 308 nach Oberstaufen und von dort auf der ausgeschilderten Zufahrtsstraße über Steibis zur Hochgratbahn. Von der Bahnstation in Oberstaufen Busverbindung über Steibis zur Talstation der Hochgratbahn.

GEHZEITEN
Hochgratbahn-Bergstation – Hochgrat 0.25 Std. – Rindalphorn 1.15 Std. – Rindalpe 1 Std. – Hochgratbahn-Talstation 1.50 Std.

BESTE JAHRESZEIT
Juni bis Oktober

KARTE
Topografische Karte 1:50 000 des Bayer. Landesvermessungsamtes, Blatt Allgäuer Alpen.

EINKEHR
An der Berg- und Talstation der Hochgratbahn.

INFORMATION
Oberstaufen Tourismus, Hugo-von-Königsegg-Str. 8, 87534 Oberstaufen, Tel. 08386/930 00, Fax 08386/93 00 20, E-Mail: info@oberstaufen.de, www.oberstaufen.de

Vom Gipfelkreuz auf dem Hochgrat genießt man eine herrliche Rundumsicht.

Nagelfluh nennt man im Allgäu das aus Geröll zusammengebackene Konglomeratgestein, da die halb aus der Gesteinsoberfläche ragenden Kiesel wie runde Nagelköpfe aussehen. Die Berge, die als lang gestreckte Grate zwischen Oberstaufen im Norden, Balderschwang im Süden und Illertal im Osten aufragen, sind aus diesem eigenwilligen Gestein aufgebaut. Vom Hochgrat führt ein teils anspruchsvoller Gratweg über den längsten und höchsten dieser Kämme nach Immenstadt. Wir ersteigen auf dieser Tour ohne allzu große Mühen und Schwierigkeiten die beiden höchsten Gipfel des Grates. Da sie all ihre Nachbarn überragen, bieten sie an klaren Tagen eine umfassende Rundschau über die Berge im Dreiländereck Deutschland, Österreich und Schweiz.

Über den Hochgrat zum Rindalphorn Wir gehen um die Bergstation der Hochgratbahn (1704 m) zu einer Weggabelung, folgen den Wegweisern zum Hochgrat nach links und steigen auf dem gut ausgebauten Weg

über den Bergrücken aufwärts. Bald sind das Kreuz und die einladende Bank am nahen Gipfel des Hochgrats (1834 m) erreicht. Weit reicht von hier der Blick nach Norden in das Alpenvorland und über die Nagelfluhberge ins Hochgebirge.

Am Hochgratgipfel behalten wir unsere bisherige Richtung bei und steigen entlang der Gratschneid nach Osten ab. 200 Höhenmeter verlieren wir, bis wir die Brunnenauscharte erreichen. Links zweigt ein kürzerer, aber anspruchsvollerer Alternativabstieg zur Talstation ab. Wir gehen geradeaus, ignorieren den rechts zur Scheidwang-Alpe abzweigenden Weg und steigen rechts des Grates anfangs recht steil durch Bergwiesen aufwärts. Auf einem Vorgipfel erreichen wir wieder den Bergkamm und sehen vor uns das markante, aus steil gestellten Felsbänken aufgebaute Rindalphorn. Wir überschreiten einen wenig ausgeprägten Vorgipfel, steigen in einen weiten Sattel ab und wandern links haltend zu einer Wegkreuzung in einer Scharte. Geradeaus erreichen wir nach ca. 100 Metern den schmalen Gipfel des Rindalphorns (1821 m), der uns wieder mit herrlichen Ausblicken belohnt.

Über die Gündlesscharte ins Tal der Weißach

Vom Gipfel gehen wir zurück zur Wegkreuzung in der nahen Scharte und halten uns links. Auf dem nach einem Unwetter wieder sanierten Weg steigen wir durch einen Steilgraben bergab. Bald führt uns der Weg nahe des Ostgrates, an den sich sturmzerzauste Bergfichten klammern, in die weit geschwungene Gündlesscharte hinab. Wir durchqueren die Scharte der Länge nach bis zu einer Wegkreuzung. Geradeaus führt der anspruchsvolle Kammweg zum Mittaghorn bergauf.

Wir biegen jedoch links in einen schmalen Steig, der uns über den Weidegrund der aufgelassenen Oberen Rind-Alpe zur Rind-Alpe hinabbringt. Wir wechseln geradewegs auf die Alpstraße, auf der wir über die Alpwiesen wandern. Im Wald leitet sie uns neben dem rauschenden Rindalper Tobel abwärts zu einer Wegkreuzung. Wir folgen den Wegweisern zur Hochgratbahn links auf eine Forststraße und wechseln unterhalb zweier Kehren links auf einen Waldweg. Er führt uns geradewegs am Älpele vorbei zu einem malerischen Bachtobel. Ein kurzer Anstieg bringt uns zu

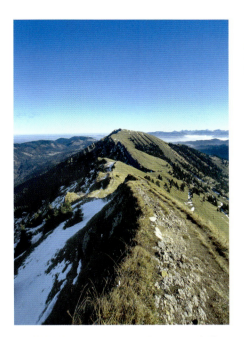

Über viele Kilometer zieht sich der Bergkamm der Nagelfluhberge vom Hochgrat nach Osten.

den Weiden der Hinteren Simatsgund-Alpe, über die wir zur schmalen Teerstraße gehen. Wir folgen ihr nach links und wandern vorbei an der Kapelle St. Rochus durch das Weißachtal zur Talstation der Hochgratbahn.

38 Buchenegger Wasserfälle und Prodelkamm
Kaskaden und Aussichtshöhen

5.15 Std.   13 km   je 780 m

WEGVERLAUF
Hochgratbahn-Talstation – Tarzansteg – Buchenegger Wasserfälle – Tarzansteg – Prodelkamm – Hochgratbahn-Talstation

CHARAKTER
Anfangs auf breiten Talwegen an der Weißach entlang und dann ohne große Mühen auf guten Wanderwegen über einen niedrigen Hügelkamm. Der Schlussabstieg zu den Buchenegger Wasserfällen verläuft auf einem schmalen Steig, der etwas Vorsicht verlangt. Am Fuß des unteren Wasserfalls bietet ein kleiner See erfrischende Bademöglichkeiten. Kurz vor der Rückkehr zum Ausgangspunkt führt ein Abstecher, der etwas Kondition verlangt, auf den aussichtsreichen Prodelkamm. Die Tour kann problemlos in zwei kürzere Wanderungen aufgeteilt werden, die entweder zu den Wasserfällen oder auf den Prodelkamm führen.

AUSGANGS- UND ENDPUNKT
Der Parkplatz an der Hochgratbahn.

ANFAHRT
Mit dem Auto auf der B 308 nach Oberstaufen, von dort auf der ausgeschilderten Zufahrtsstraße über Steibis zur Talstation der Hochgratbahn. Bahnstation in Oberstaufen, von dort Busverbindung über Steibis zur Talstation der Hochgratbahn.

GEHZEITEN
Talstation Hochgrat-Bahn – Buchenegger Wasserfälle 1.15 Std. – Abzweig Prodelkamm 1.15 Std. – Prodel 1.45 Std – Talstation Hochgratbahn 1 Std.

BESTE JAHRESZEIT
Frühjahr bis Spätherbst

KARTE
Topografische Karte 1:50 000 des Bayer. Landesvermessungsamtes, Blatt Lindau-Oberstaufen.

EINKEHR
Kurz vor Erreichen der Buchenegger Wasserfälle in zwei nahe dem Weg gelegenen bewirtschafteten Alphütten.

INFORMATION
Oberstaufen Tourismus, Hugo-von-Königsegg-Str. 8, 87534 Oberstaufen, Tel. 08386/930 00, Fax 08386/93 00 20, E-Mail: info@oberstaufen.de, www.oberstaufen.de

Das Tal der Weißach trennt die Hochgipfel rund um den Hochgrat von dem niedrigeren Prodelkamm und fließt dann in einem tief eingeschnittenen Tal hinab nach Oberstaufen. Auf halbem Weg queren unterhalb von Buchenegg Nagelfluhfelsen dieses Tal. Die harten Felsbarrieren konnte der Fluss bisher nicht zerschneiden und so überwindet er sie in den mächtigen Kaskaden, die als Buchenegger Wasserfälle bekannt sind. Der kürzere Zustieg zu diesem Naturschauspiel beginnt im Dorf Steibis, das auf halbem Weg zwischen Oberstaufen und der Hochgratbahn liegt. Wir wählen heute jedoch den etwas längeren, aber abwechslungsreichen Weg von der Talstation der Hochgratbahn zu den Buchenegger Wasserfällen. Er folgt in einem schattigen Tal für längere Zeit der Weißach und bietet Kindern schöne Spielmöglichkeiten am Fluss. Wer ausreichend Kondition hat, der biegt auf dem Rückweg in den schattigen Weg ein, der zur Prodel-Alpe hinaufführt. Von dort kann man über den aussichtsreichen Prodelkamm wandern, ehe man wieder zur Talstation der Hochgratbahn absteigt.

Durch das Tal der Weißach zu den Buchenegger Wasserfällen Hinter der Talstation der Hochgratbahn führt eine schmale Brücke über die Weißach. Dort wandern wir auf einem schattigen und bequemen Weg, der uns entlang der Weißach abwärtsführt, nach links. Bald zweigt rechts der schattige Anstiegsweg zum Prodelkamm ab, auf den wir auf dem Rückweg einbiegen werden. Wir bleiben jedoch noch auf dem breiten Wanderweg, der dem Lauf der Weißach folgt. Hier gebärdet sich der Fluss noch recht wild und rauscht über die dunklen Felsen mit Wucht talwärts. Bei einem Gebäude wechseln wir geradeaus auf eine Forststraße, die bald am Rand einer Alpweide entlangläuft. Wir finden links einen zu den Buchenegger Wasserfällen ausgeschilderten Wanderweg, der uns wenig später auf dem »Tarzansteg« über die Weißach führt.

Jenseits geht es auf dem breiten Wanderweg aus dem Wald und anschließend über die Wiesen aufwärts. Kurz vor einem Hof folgen wir den Wegweisern nach rechts auf einen weichen Waldweg, der uns zu einer schmalen Teerstraße führt. Auf ihr wandern wir rechts auf einen Hof zu und wechseln dann oberhalb der Gebäude geradeaus auf einen Wirtschaftsweg.

Der Weg führt über einen aussichtsreichen Wiesenrücken, von dem links ein Weg zu den beiden bewirtschafteten Alpen abzweigt, die wenige Meter unterhalb am Weg von Steibis zu den Wasserfällen liegen. Wir wandern allerdings geradeaus weiter zu einer Alphütte, die ganz vorne auf dem Wiesenrücken steht. Wir gehen rechts um das Gebäude herum zum Beginn eines schmalen Weges, dem wir geradeaus folgen. Er führt uns abwärts zur Kreuzung, an der von links der Weg von Steibis und den zwei bewirtschafteten Alpen einbiegt. Wer auf dem Rückweg dort einkehren will, kann von den Alpen ohne Probleme wieder links zu dem Wiesenrücken hinaufsteigen.

Wir folgen dem Weg weiter durch den Wald abwärts zur Weggabelung am Rand der steilen Schlucht. Rechts führt von hier ein schmaler, steiler und steiniger Weg zum Oberen Wasserfall hinab. Dort hat man einen herrlichen Blick über die beiden Wasserfälle auf das große Wasserbecken am unteren Ende der Kaskaden. Der Hauptweg knickt nach links ab und führt über Stufen durch einen anfangs feuchten Steilhang in den Talgrund. Links quert der Weg, der nach Buchenegg hinaufführt, auf einer Brücke den Fluss. Wir folgen jedoch auf schmalem Steig geradeaus dem Ufer flussaufwärts und erreichen nach kurzer Strecke das große Naturbecken, in das der Buchenegger Wasserfall rauscht. Im Gegenlicht leuchtet die weiße Kasakade, die in einem tiefen Einschnitt den dunklen Felsen entströmt. Abgeschliffene Felsen bieten am Rand des Beckens, das zu einem erfrischenden Bad lockt, herrliche Rastplätze. Lange bleiben wir am Fuß der Buchenegger Wasserfälle und genießen die wilde Naturlandschaft.

Von den Wasserfällen auf den Prodelkamm

Zurück zum Ausgangspunkt folgen wir wieder dem Weg, den wir gekommen sind. Ein kurzer Abstecher führt uns zur bewirtschafteten Alphütte, an der wir uns für den Weiterweg stärken. Dann geht es auf den nahen Wiesenrücken und jenseits hinab zum Tarzansteg. Ein Stück wandern wir noch im Tal der Weißach flussauf und biegen dann links in den erwähnten Weg, der durch den schattigen Prodelwald bergauf führt. Wir wandern lange auf dem breiten Weg in nördlicher Richtung aufwärts, bis wir scharf rechts auf einen schmalen Steig wechseln. Das Weglein windet sich zwischen Nagelfluhfelsen durch den steilen Waldhang aufwärts zu einer Alpweide. Wir steigen am linken Rand der Wiesen bergan, auf der jetzt im Herbst zahlreiche Silberdisteln ihre Blüten öffnen. Bald folgen wir einer Wegspur nach rechts über die Bergwiesen zu einem Wegweiser nahe der Prodel-Alpe (1200 m).

Wir biegen links auf den schmalen Weg ab, der auf oder knapp rechts des Bergkammes bergauf führt. Meist wandern wir über freie Weideflächen und genießen den Blick zu den dunklen Nordabstürzen des Hochgrats. Nach einem kurzen Waldstück geht es am oberen Rand der Weiden der Schwarzenberg-Alpe aufwärts. Der Bergrücken wird schmaler und bringt uns zur Wiesenkuppe der Prodel (1400 m), die wir als aussichtsreichen Rastplatz wählen.

Jenseits der Mulde, in der die Oberdenneberg-Alpe liegt, erhebt sich die mit einem

Kreuz geschmückte Wiesenkuppe des Dennebergs. Die Wanderung könnte man dorthin ausdehnen. Würde man vom Denneberg dann noch ein kurzes Stück dem Bergkamm nach Osten folgen, könnte man über die Unterdenneberg-Alpe ins Tal der Weißach absteigen, durch das man problemlos zur Hochgratbahn zurückkehren kann.

Wir genießen jedoch die Rast auf der Wiesenkuppe der Prodel und wandern auf dem Aufstiegsweg über den sanften Bergkamm wieder zum Wegweiser nahe der Prodel-Alpe hinab. Wir halten uns links und folgen der breiten Alpstraße, die sich in weiten Serpentinen in das Tal der Weißach hinabschlängelt. Dort treffen wir auf eine Teerstraße, die uns rechts zur nahen Talstation der Hochgratbahn bringt.

133

39 Durch den Eistobel
Rauschende Kaskaden im Alpenvorland

1.30 Std.　5 km　je 100 m

WEGVERLAUF
Eistobelbrücke – Eistobel – Eissteg –
Eistobel – Eistobelbrücke

CHARAKTER
Eine wundervolle Kurzwanderung für Familien durch das Naturschutzgebiet Eistobel
mit seinen Wasserfällen und Naturbecken,
die vor allem an heißen Sommertagen
herrliche Erfrischung bieten. An frostigen
Wintertagen bezaubert der Eistobel durch
bizarre Eisbildungen, denen die Schlucht
ihren Namen verdankt. Am Zugang an
der Eistobelbrücke wird ein Eintrittsgeld
verlangt (Erwachsene 1,50 Euro, Kinder
50 Cent).

AUSGANGS- UND ENDPUNKT
Der Parkplatz an der Tobelbrücke.

ANFAHRT
Mit dem Auto auf der Verbindungsstraße
von Oberstaufen nach Isny bis zur Eistobelbrücke nordöstlich von Grünenbach.
Grünenbach liegt an der Buslinie von Oberstaufen nach Isny.

GEHZEITEN
Eistobelbrücke – Eissteg 0.45 Std. – Eistobelbrücke 0.45 Std.

BESTE JAHRESZEIT
Das ganze Jahr über reizvoll

KARTE
Topografische Karte 1:50 000 des Bayer.
Landesvermessungsamtes, Blatt Lindau-
Oberstaufen oder Blatt Kempten.

EINKEHR
An der Eistobelbrücke.

INFORMATION
Gästeamt Grünenbach, Ebratshofen 24,
88167 Grünenbach, Tel. 08383/92 99 81,
Fax 08383/92 99 82, E-Mail: gaesteamt@
gruenenbach.de

Zwischen Oberstaufen und Isny überspannt nahe Grünenbach die Eistobelbrücke das Tal der Oberen Argen und lässt den eiligen Reisenden
nicht ahnen, dass er gerade das malerische Naturschutzgebiet im Eistobel
überquert. Hier hat die Obere Argen eine einzigartige Schlucht in einen
sperrenden Bergkamm aus harten Konglomeratfelsen geschnitten. In
Kaskaden stürzt das Flusswasser über das harte Gestein und sammelt sich
in smaragdgrünen Becken. Der Naturfreund findet in der schattigen
Schlucht seltene Pflanzen oder kann einen schillernden Eisvogel beim
Fischen beobachten.

Durch die Nagelfluhschlucht Vom Eingang nahe der Eistobelbrücke
steigen wir anfangs auf einem Treppenweg und dann auf steilem Kiesweg in den Talgrund hinab. Der breite Weg wendet sich nach rechts und
läuft durch Mischwald am Ufer der rauschenden Argen entlang. Schon
wirbeln erste kleine Felsbänke das Flusswasser durcheinander oder
stauen kleine Wasserbecken. Nach 15 Minuten erreichen wir die ersten
richtigen Stromschnellen am »Großen Wasserfall«. Das smaragdgrüne

*Im Sommer locken einige große Wasserbecken
vor allem Kinder zu einem erfrischenden Bad.*

Wasser eines großen Naturbeckens lockt zu einer erfrischenden Abkühlung. Oberhalb sprudelt die Argen in herrlichen Kaskaden und Wasserfällen über die Felsen. Groß und Klein vergnügen sich sowohl im herrlich grünen Pool wie auch auf den glatt gescheuerten Felsen.

Der Weg wird nun schmaler und windet sich kurz zur ersten, »Am Zwinger« genannten Engstelle hoch. Oberhalb einer engen Schlucht, in der sich das Wasser staut, führt uns der Steig durch mächtige, von den Seitenhängen herabgestürzte Felsblöcke. Nun wieder am Flussufer entlang, gelangen wir zur zweiten Engstelle. Über uns zwängt sich die Argen durch eine enge Schlucht, aus der der »Obere Wasserfall« in Kaskaden in ein weiteres großes Naturbecken rauscht. Ein Steg führt uns über den flachen Seitenarm des Beckens. Über schräg gestellte Felsplatten leitet der Weg zum nahen Eissteg hinauf. Vom Steg bietet sich ein wundervoller Blick in die enge Klamm, in der sich das Wasser tief aufstaut, ehe es tosend zu Tal stürzt.

Der schönste Abschnitt des Tales liegt jetzt unter uns. Wer will, kann noch ein Stück talaufwärts wandern. Dazu hält man sich an der Wegkreuzung nach der Tobelbrücke rechts und steigt über einen Rücken am kleinen Kraftwerk vorbei in Richtung Schüttentobel. Eine hohe, senkrecht aus der aufgestauten Argen emporwachsende Felswand bietet hier

nochmals einen herrlichen Anblick. Anschließend wandern wir auf dem Weg, den wir gekommen sind durch die herrliche Urlandschaft des Eistobels zurück zum Ausgangspunkt an der Eistobelbrücke.

Über zahlreiche harte Nagelfluhfelsen sprudelt die Obere Argen in Kaskaden durch den Eistobel.

GENUSS IM KRÄUTERDORF STIEFENHOFEN

Bei der Fahrt von Oberstaufen zum Eistobel lohnt auf halber Strecke ein Halt im Kräuterdorf Stiefenhofen. Im Landgasthof Rössle (Tel. 08383/920 90) verwöhnt der experimentierfreudige Küchenchef die Gäste unter anderem mit außergewöhnlichen Blumen- und Kräutergerichten.

DIE ENTSTEHUNG DES EISTOBELS

Während der Alpenfaltung wurden im nördlichen Vorland im so genannten Molassetrog unterschiedliche Gesteine abgelagert und schließlich gefaltet und schräg gestellt. Als am Ende der Eiszeit die Vorlandgletscher abschmolzen, staute sich vor einer Hügelkette im Becken von Ebratshofen ein Schmelzwassersee. Sein Wasser suchte sich einen Ablauf nach Norden und schürfte mit unbändiger Kraft den Eistobel aus. Die Argen führt bis heute diese Arbeit fort und gräbt die Schlucht immer tiefer. Dabei werden weiche Sandsteinschichten tief ausgehöhlt, während die harten Nagelfluhschichten als Barriere erhalten bleiben. Über diese massiven Querriegel stürzt der Fluss in malerischen Kaskaden und Wasserfällen zu Tal.

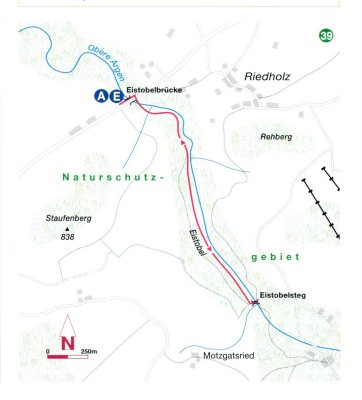

Durch den Falltobel zum Stoffelberg
Wasserfall und sanfte Höhen bei Niedersonthofen

3 Std.   8,5 km   je 380 m

WEGVERLAUF
Niedersonthofen – Rieggis – Stoffelberg – Niedersonthofen

CHARAKTER
Eine einfache, aussichtsreiche Familienwanderung über dem Niedersonthofener See. Zu Beginn führt ein schmaler Weg durch den malerischen Falltobel zu rauschenden Wasserfällen. Zurück nach Niedersonthofen geht es über bunte Wiesen und aussichtsreiche Höhen. Dort lockt zum Abschluss ein Bad im herrlichen Niedersonthofener See.

AUSGANGS- UND ENDPUNKT
Das Ortszentrum von Niedersonthofen am Westufer des gleichnamigen Sees.

ANFAHRT
Mit dem Auto südlich von Waltenhofen von der zur vierspurigen Schnellstraße ausgebauten B 19 der Beschilderung nach Niedersonthofen folgend abbiegen und bis ins Ortszentrum von Niedersonthofen. Busverbindung von Waltenhofen und Kempten (Bahnstation) nach Niedersonthofen.

GEHZEITEN
Niedersonthofen – Rieggis 1.30 Std. – Stoffelberg 0.50 Std. – Niedersonthofen 0.40 Std.

BESTE JAHRESZEIT
Frühjahr bis Spätherbst

KARTE
Topografische Karte 1:50 000 des Bayer. Landesvermessungsamtes, Blatt Kempten.

EINKEHR
In Rieggis und Niedersonthofen.

INFORMATION
Tourismusbüro Niedersonthofen, Sonnenstr. 1, 87448 Waltenhofen, Tel. 08379/77 92, E-Mail: gemeinde@ waltenhofen.de, www.waltenhofen.de

Im Süden von Kempten durchfließt die Iller am Rand der Alpen eine bezaubernde Landschaft, die mit sanften Höhen und einem Puzzle aus dunklen Wäldern, bunten Wiesen und blau strahlenden Seeflächen das Herz jedes Naturfreundes höher schlagen lässt. Dass diese liebliche Landschaft auch durchaus ihre dramatischen Momente zu bieten hat, beweist der tief eingeschnittene Falltobel bei Niedersonthofen, der uns mit eleganten Kaskaden und wilden Wasserfällen überrascht. Dann gewinnen wir über weite Wiesen, die im Frühjahr in einem bunten Blumenkleid erstrahlen, die Höhe des Stoffelbergs. An seinem Fuß liegt der glasklare

Im Frühjahr bieten die Wiesen am Stoffelberg ein farbenfrohes Schauspiel.

Niedersonthofener See, der in den Sommermonaten am Ende der Tour ein erfrischendes Badevergnügen bietet, und durch das Illertal reicht der Blick tief in die Allgäuer Alpen. Insgesamt bietet die Tour durch den Falltobel und über den Stoffelberg jede Menge Abwechslung.

Durch den Falltobel Wir beginnen die Wanderung in Niedersonthofen auf dem Parkplatz vor dem ehemaligen Rathaus und folgen der Hauptstraße, vorbei an der Kirche, bis sie nach links abknickt. Geradeaus nimmt uns das Sträßchen »Am Angerfeld« auf, das uns durch das Dorf zu einer Kreuzung führt. Wir halten uns rechts und folgen der »Mühlenbergstraße« zum malerischen Gasthof Engel. Das Sträßchen leitet uns rechts am Gasthof vorbei und bringt uns geradewegs zu einer Weggabelung. Links wandern wir nun auf breitem Forstweg in ein bewaldetes Tal. An der nächsten Weggabelung halten wir uns rechts und folgen dem ansteigenden Wirtschaftssträßchen bis zu einer Kehre.
Wir wechseln geradeaus auf den Weg, der nach einem kurzen Anstieg in einen schma-

len Steig übergeht. Nach ca. 100 Metern folgen wir dem mit rotem Pfeil gekennzeichneten Pfad links abwärts in den Falltobel. Das herrliche Weglein läuft am Bach entlang, der über braune Felsen in glasklare Wasserbecken plätschert. Einen engen Schluchtabschnitt müssen wir in der rechten Talflanke um-

Kurz nach diesem Gasthof beginnt am westlichen Ortsrand von Niedersonthofen der Weg in den Falltobel.

An einem malerischen Wasserfall endet der Weg durch den Falltobel.

Durch blühende Blumenwiesen geht es auf den Stoffelberg.

gehen, ehe uns der Steig wieder zum Bach hinabführt. Dreimal überqueren wir auf schmalen Stegen den Bach, der in Kaskaden über die Nagelfluhfelsen rauscht, ehe wir vor dem vierten Steg eine Wegkreuzung erreichen. Wir gehen noch wenige Schritte geradeaus in das Fels-Amphitheater im Talschluss, in das der Bach als mächtig rauschender Wasserfall stürzt. Über die moosgepolsterten Felsen rieseln silberne Wasserfäden, und in die Gischt zeichnet die Sonne einen Regenbogen.

Über Rieggis zum Stoffelberg Nach der Rast am Wasserfall gehen wir zum obersten Steg zurück und überqueren den Bach. Ein schmaler Steig führt uns in Serpentinen durch die steile Flanke zum Talrand hinauf und knickt dort nach links ab. Durch den Wald gelangen wir zu einer Kreuzung hinter einem Brückchen. Wir halten uns rechts und steigen

zu den Wiesen von Rieggis hinauf. Eine Wegspur führt uns am Rand der Wiesen bergauf und quert dann links zu einem Teersträßchen. Auf ihm wandern wir rechts hinauf ins nahe Rieggis. Ein guter Teil des Anstieges liegt schon unter uns und so legen wir im wunderschön gelegenen Dörfchen eine Rast ein, ehe wir den Weg zum Stoffelberg in Angriff nehmen.

Im Dorf folgen wir der Hauptstraße nach rechts und biegen nach wenigen Schritten links auf das nach Hauchberg ausgeschilderte Sträßchen ab. An der Weggabelung vor der Kapelle von Rieggis geht es geradeaus aufwärts. Über bunte Wiesen schweift der Blick hinab zum Niedersonthofener See und durch das Illertal zum tief verschneiten Allgäuer Hochgebirge. Das Sträßchen führt zu einer Wegkreuzung auf einem Bergkamm, von der wir rechts zu den Bauernhöfen gehen. Am zweiten Hof beginnt ein Feldweg, der an Obstbäumen vorbei nach links ansteigt. Wir folgen der Markierungen durch einige Zäune zu einem schmalen Weg. Er führt rechts am Waldrand entlang über eine aussichtsreiche Hügelkuppe.

Wir stoßen auf eine schmale Teerstraße, gehen wenige Schritte nach links und finden rechts der Straße die zum Stoffelberg ausgeschilderte Fortsetzung unseres Wegleins, das nun über eine bewaldete Kuppe zu einer Weggabelung führt. Wir gehen geradeaus über den Bergkamm zu einer Wegkreuzung in den Wiesen am Fuß des Stoffelberges. Über einige Serpentinen steigen wir rechts zum nahen Gipfelkreuz auf dem Stoffelberg (1063 m) hinauf.

Trotz seiner relativ bescheidenen Höhe bietet der Stoffelberg eine umfassende Aussicht. Weit im Osten ragen neben dem Grünten die Felshörner der Tannheimer Berge auf. Im Süden öffnet das tief eingeschnittene Illertal den Blick zu den Allgäuer Hochalpen rund um Nebelhorn, Großen Krottenkopf und Mädelegabel. Die Voralpenlandschaft zu unseren Füßen bietet mit ihren sanften Hügeln, bunten Wiesen und beschaulichen Seen den perfekten Kontrast zur beeindruckenden Allgäuer Bergwelt.

Abwärts nach Niedersonthofen Über die Gipfelwiesen führt uns das rot markierte Weglein nach Südosten Richtung Niedersont-

hofen abwärts. Nach einem Waldstück erreichen wir eine Wiese, an deren Rand wir nach
rechts gehen.

Durch steileres Gelände steigen wir links eines Zaunes im Zickzack abwärts. Wir treffen
auf einen Wirtschaftsweg, dem wir bergab
folgen. Kurz nach einem Gatter biegen wir
rechts auf eine schmale Teerstraße, die uns zu
den verstreuten Höfen von Stoffels führt. Unterhalb des Kleiterhofes bietet sich von einer
Straßenkehre ein herrlicher Blick auf die
blaue, von braunen Schilfgürteln und grünen
Wiesen eingerahmte Wasserfläche des Niedersonthofener Sees.

Wir erreichen eine Kreuzung, gehen nach
links und biegen nach 40 Metern rechts auf
einen Fußweg ab. Nach kurzer Strecke halten
wir uns vor einem Bauernhof rechts und steigen auf einem schmalen Weg durch einen
Graben abwärts. Wir stoßen wieder auf eine
Fahrstraße, der wir links durch die Wiesen bis
zu einem Kreuz unter Kastanienbäumen folgen. Rechts beginnt ein Weglein, das uns im
Bogen durch die Wiesen zu einer Teerstraße
hinabführt. Auf ihr wandern wir links zum nahen Ortszentrum von Niedersonthofen. Dort
finden wir zum Abschluss der Tour verschiedene Einkehrmöglichkeiten. An heißen Sommertagen wird man gerade mit Kindern den
Weg zum nahen See einschlagen, der am Niedersonthofener Ufer herrliche Bademöglichkeiten bietet.

*Im altehrwürdigen
Kempten lässt sich
nach anstrengenden
Wanderungen herr-
lich bummeln und
erholen.*

DAS ALTEHRWÜRDIGE KEMPTEN

Vor dem Alpenbogen liegt am Ufer der Iller die Allgäuer Metropole Kempten, die zu den
ältesten Städten in Deutschland zählt. Wohl auf einer keltischen Vorgängersiedlung entstand
hier ab ca. 15 n. Chr. das römische Campodunum. Im 8. Jahrhundert wurde in Kempten das
erste Benediktinerkloster im Allgäu gegründet, das schnell Macht und Reichtum erlangte.
Nach und nach trennte sich Kempten in zwei rivalisierende Teile, die kirchliche Stiftsstadt und
die im 16. Jahrhundert zum Protestantismus übergetretene weltliche Reichsstadt. Keimzelle
von Kempten ist die Burghalde, auf der das römische Kastell und später eine mittelalterliche
Burg errichtet wurden. Nördlich liegt die Kemptener Altstadt mit ihren sehenswerten Bürger-
häusern, Kirchen und dem Rathaus aus dem 15. Jahrhundert. Die barocke fürstäbtliche Resi-
denz begeistert mit prunkvollen Gebäuden, die sich um zwei Innenhöfe gruppieren. Für
Schlechtwettertage bietet die Stadt zahlreiche sehenswerte Museen. Im Zumsteinhaus sind
die Römersammlung und die Sammlung zu Geologie und Biologie im Allgäu untergebracht,
im barocken Kornhaus das sehenswerte Allgäuer Heimatmuseum, und das Alpinmuseum im
Marstall zeigt die Erschließung der Berge von der Vorgeschichte bis in die Neuzeit. Besonders
eindrucksvoll ist allerdings der Archäologische Park am Ostufer der Iller gegenüber der Altstadt. Hier sind Teile des gallo-römischen Tempelbezirks freigelegt, der nördlich der Alpen
einzigartig ist. Die Grundmauern, Funde und Rekonstruktionen vermitteln ein Bild des römischen Lebens vor nahezu 2000 Jahren.

REGISTER

A

Aggenstein 68, 70
Ahornspitze 37
Alatsee 50 f, 53
Alpsee (bei Hohenschwangau) 40 f
Alpsee Bergwelt 126
Alpspitz 58 f
Auenhütte 115
Auerberg 20 ff

B

Baad 106 ff, 111
Bad Hindelang 76 f, 79 f
Bad Kissinger Hütte 68, 70
Balderschwang 116 ff, 130
Bärgunthütte 106
Besler 116 f
Birgsau 101
Bleckenau 36, 38
Bolsterlang 120
Branderschrofen 36 f
Breitachklamm 11, 16, 101 ff, 116
Bschießer 81
Buch 24, 27
Buchenberg 28 f
Buchenegger Wasserfälle 11, 132 f
Buching 28 f
Bühl 123, 125, 127
Burgberger Hörnle 86

C

Christlessee 94, 97

D

Denneberg 133
Dietersberg 95, 97

E

Edelsberg 58
Einerkopf 52

Einödsbach 101
Eisenberg (Ruine) 54, 56 f
Eistobel 11, 134 f
Emmereis 83
Engeratsgundsee 91, 93
Eybachtobel 88 f

F

Faistenoy 101
Falkenstein (Auf dem Falken) 82 f
Falkenstein (Ruine) 50 ff
Falltobel 136 f
Fellhorn 100 f
Forggensee 20, 24
Freibergsee 98 f
Füssen 44, 46 ff, 50
Füssener Jöchl 68 ff

G

Gappenfeldscharte 67
Geiselstein 30, 32 ff
Geiselsteinsattel 33, 35
Gemstelhütte 107
Gemstelpass 107
Gerstruben 16, 95, 97
Gimpel 68, 70, 72
Gottenried 97
Gottesackerplateau 11, 112 ff, 117
Grän 68, 71
Gräner Höhenweg 68
Großdorf 82 f
Großer Alpsee 122, 124 f, 127 f
Großer Daumen 90 ff
Gruben 95, 97
Grünenbach 134
Grünhorn 108, 110
Grünten 62, 82, 84 ff
Grüntenhaus 86 f
Gschwend 124, 127
Gschwender Wasserfall 124, 127

H

Halblech 31
Haldensee 72, 75
Hasentalkopf 31
Heidelbeerkopf 89
Heidenkopf 118
Heini-Klopfer-Skiflugschanze 98 f
Hindelanger Klettersteig 90, 92
Hinterberg 83
Hinterstein 80 f
Hirschbachtobel 76 f
Hirschberg 76, 78 f
Hirschegg 101
Hochalppass 106
Hochalpsee 106
Hochgrat 130 ff
Hochgratbahn 130 ff
Hochleite 101
Hochplatte 32
Höfats 94
Hohen-Freyberg (Ruine) 54, 56 f
Hohenschwangau 36, 38, 43, 45
Hoher Ifen 112 ff
Hölltobel 95
Hopfen am See 48 f
Hopfensee 48 f
Hörnerbahn 120 f
Hörnlesee 62 f

I

Ifenhütte 112
Immenstadt 122 ff, 130
Immenstädter Horn 122, 124
Iseler 81
Isny 134

K

Kempten 136, 139
Kenzenhütte 30 ff, 35
Kenzensattel 33
Kierwang 121

Kleiner Daumen 93
Koblat 90 ff
Koblatsee 92
Krähe 32 ff
Krinnenspitze 72, 75

L

Laufbichelsee 91 ff
Lechfall 44 f
Lumberg 71

M

Maria Trost (Wallfahrtskirche) 58, 61
Mittelberg 108
Muttelbergkopf 109 f

N

Nebelhorn 88, 90 f
Nebelhornbahn 90 ff, 97
Nesselburg (Ruine) 58 ff
Nesselwang 11, 58, 61
Nesselwängle 72
Neunerkopf 66 f
Niedersonthofen 136 f, 139
Niedersonthofner See 137, 139

O

Obergschwend 62 f
Oberjoch 76
Obermaiselstein 117
Oberstaufen 130, 134 f
Oberstdorf 90, 93 ff, 97 f, 101,
    104 f
Ochsenhofer Köpfe 110
Ochsenhofer Scharte 110
Ofterschwang 120
Ofterschwanger Horn 120

P

Pfronten 50, 52, 54
Pirschling 65
Pöllatschlucht 39, 42
Prodelkamm 132 f

R

Rangiswanger Horn 120
Rettenberg 82
Riedbergpass 116 f
Rieder 123
Rieggis 138
Riezlern 105, 115
Rindalphorn 131
Roßhaupten 24, 26 f
Roßmoos 51
Rote Flüh 68, 70, 72 f

S

Salmaser Höhe 128 f
Salober Alm 52
Schartenschrofen 68 f
Scheinbergjoch 31
Schloss Hohenschwangau 36, 40,
    43 ff
Schloss Neuschwanstein 8, 20, 36,
    39 f, 43, 46
Schneiderküren-Alpe 115
Schnippenkopf 89
Schöllang 88 f
Schönkahler 64 f
Schwansee 44 ff
Seekopf 106
Sefenjoch 70
Siplingerkopf 118 ff
Söllereck 101
Söllerkopf 101
Sonnenkopf 88 f
Sonthofen 85
Speiden 57
Spieser 76, 78
Starzeljoch 109
Starzlachklamm 84 f, 87
Steibis 132
Stiefenhofen 134
Stoffelberg 136, 138
Stoffels 139
Stötten 20, 23
Strindenbachtobel 74 f
Sturmannshöhle 117

Stutz-Alpe 111
Sulzspitze 66 f

T

Tannheim 66, 73
Tannheimer Berge 70, 73
Tannheimer Tal 75
Tegelberg 36, 38
Thaler Höhe 129
Thalkirchdorf 129
Tiefenbach 103, 104

U

Übelhorn 86
Unterjoch 63
Unterwald 115

V

Via Claudia Augusta 12, 24 f, 44 f, 47
Vogelhornbahn 66 f
Vorderburg 82
Vorderburg (Ruine) 82
Vorderscheinberg 30 f

W

Walmendinger Horn 108 f, 111
Walserschanze 105
Wankerfleck 35
Weiherkopf 120
Weißensee 50 f
Wertacher Hörnle 62 f
Widderstein 106 f
Widdersteinhütte 107
Wiedemannsdorf 128 f
Winkel 84, 87

Z

Zell 54 f, 57
Zipfels-Alpe 81
Zipfelsbachfälle 80 f
Zirmgrat 50 ff
Zöblen 64 f
Zwieselberg 24
Zwölferkopf 52

Ebenfalls erhältlich ...

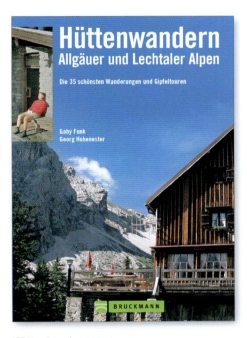

ISBN 978-3-7654-4337-4

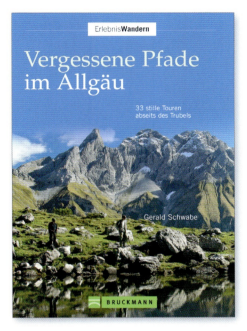

ISBN 978-3-7654-5275-8

Hütten sind Ziele in den Bergen, die müde Wanderer glücklich machen, denn hier finden sie seit alters her Speis' und Trank, Wärme und ein schützendes Dach über dem Kopf. In den Allgäuer und Lechtaler Alpen gibt es große, kleine, komfortable, rustikale und pittoreske Hütten. Die Autoren stellen 35 Hütten und verschiedene Wege vor, die dorthin führen: leichte für Familien mit Kindern und anspruchsvolle Zustiege für den erfahrenen Bergwanderer.

Das Allgäu gilt zu Recht als eine der schönsten Urlaubsregionen Deutschlands, als Paradies für Wanderer und Naturliebhaber. Doch trotz alljährlicher Touristenströme gibt es in der wildromantischen Allgäuer Bergwelt auch noch einsame Wege zu entdecken. Gerald Schwabe nimmt Sie mit auf die schönsten Panoramawege und Gipfel des Allgäus und zeigt Ihnen das Allgäu von seiner stillen Seite. Mit vielen praktischen Tipps und stimmungsvollen Bildern.

BRUCKMANN

www.bruckmann.de

Impressum

Unser komplettes Programm:

www.bruckmann.de

Produktmanagement: Claudia Hohdorf, Beate Dreher
Lektorat: Barbara Buchter, Neuenbürg
Layout: BUCHFLINK Rüdiger Wagner, Nördlingen, Medienfabrik GmbH, Stuttgart
Repro: Cromika sas, Verona
Kartografie: Heidi Schmalfuß, München
Herstellung: Anna Katavic
Printed in Italy by Printer Trento S.r.l.

Alle Angaben dieses Werkes wurden vom Autor sorgfältig recherchiert und auf den aktuellen
Stand gebracht sowie vom Verlag geprüft. Für die Richtigkeit der Angaben kann jedoch keine Haftung
übernommen werden.
Für Hinweise und Anregungen sind wir jederzeit dankbar. Bitte richten Sie diese an:
Bruckmann Verlag
Postfach 40 02 09
D-80702 München
E-Mail: lektorat@bruckmann.de

Bildnachweis:
Alle Fotos im Innenteil und auf der Umschlagrückseite stammen vom Autor, mit Ausnahme von: S. 31u.: Berggasthof
Kenzenhütte/Familie Warner, Peiting; S. 46u.: Füssen Tourismus und Marketing; S. 53u.: Burghotel »Auf dem Falken-
stein«, Pfronten i. A.; S. 139: Stadt Kempten, Tourismusinformation
Motiv der Umschlagvorderseite: Am Fuße der Höfats liegt die malerische Höhensiedlung Gerstruben (Tour 24).
Motiv der Umschlagrückseite: Über dem Alpsee und dem Dorf Bühl ragen die vom ersten Schnee bedeckten All-
gäuer Hochgipfel auf (Tour 35).

Die Deutsche Nationalbibliothek verzeichnet diese Publikation in der Deutschen Nationalbibliografie;
detaillierte bibliografische Daten sind im Internet über http://dnb.d-nb.de abrufbar.

2. aktualisierte Neuausgabe
2011 © 2008 Bruckmann Verlag GmbH, München
ISBN 978-3-7654-5796-8